에라스뮈스와 친구들

에라스뮈스와 친구들

초판 1쇄 펴낸 날 2018년 11월 30일

지은이 김태권
펴낸이 김삼수
편 집 김소라 · 신중식
디자인 디자인오투
마케팅 PAGE ONE 강용구

펴낸곳 아모르문디
등 록 제313-2005-00087호
주 소 서울시 마포구 월드컵로10길 27 세화회관 201호
전 화 0505-306-3336
팩 스 0505-303-3334
이메일 amormundi1@daum.net

ISBN 978-89-92448-75-8 03300

이 도서는 한국출판문화산업진흥원 2018년 우수출판콘텐츠 제작 지원 사업 선정작입니다.

이 도서의 국립중앙도서관 출판예정도서목록(CIP)은 서지정보유통지원시스템 홈페이지
(http://seoji.nl.go.kr)와 국가자료공동목록시스템(http://www.nl.go.kr/kolisnet)에서 이용하
실 수 있습니다.

에라스뮈스와 친구들

만화가 김태권이 펼쳐 보이는 인문 교양의 향연

김태권 지음

아모르문디

다른 책을 해설하기 위해 글을 쓰기로 했죠. 시작할 때만 해도 금세 끝날 줄 알았어요. 그런데 벌써 십 년 가까운 시간이 흘렀네요. 여전히 나는 이 책을 세상에 내보내도 될지 불안하고요. 어떤 일이 있었는지 간단히 적어 보겠습니다.

김남우 선생님이 번역한 『에라스무스 격언집』이 나온 때가 2009년. 선생님과 함께 마침 라틴어를 공부하던 시절이었어요. 이 책에 들어갈 삽화를 그리게 되었습니다. 기뻤지요. 에라스뮈스의 라틴어 원전 번역은 기념할 만한 일이라고 생각했으니까요.

그림을 그리다 욕심이 생겼습니다. 더 많은 사람이 이 책을 읽게 하고 싶었어요. 이런 식으로 일은 무럭무럭 커졌습니다. 이 책에 인용된 고전 문헌을 해설하는 글을 써야겠다 생각했지요. 한겨레신문에 「에라스뮈스와 친구들」이라는 칼럼을 연재했어요.

그래도 아쉬웠어요. 21세기를 사는 사람들한테 절실히 와 닿을 내용이 필요했습니다. 1920년대에 하위징아가 쓴 전기와 1930년대에 츠바이크가 쓴 전기는 각각 자기 시대에 맞게 에라스뮈스의 생애를 해석했지요. 나도 그래야겠다고 생각했어요. 그러므로 이 책은 김남우 선생님의 번역서를 풀어쓴 책이면서 또한 하위징아와 츠바이크의 전기를 풀어쓴 책이기도 합니다.

이 책은 최초의 '인디 지식인' 가운데 한 사람으로 에라스뮈스를 소개합니다.

생애 대부분의 시간을 에라스뮈스는 소속도 없이 후원자도 없이 지냈어요. 어쩌다 보니 성직자의 신분이 되기는 했지만 근무지를 이탈해 돌아다녔지요. 한동안은 먹고살 걱정도 했습니다. 그러나 신세진 곳이 없었기 때문에 하고 싶은 공부를 마음껏 하고 쓰고 싶은 글을 쓸 수 있었지요. 에라스뮈스가 쓴 책이 잘 팔린 덕분이기도 하고요.

우리도 이렇게 살 수 있을까요? 인쇄술의 자리에 인터넷이 들어온 요즘입니다. 책이 잘 팔리던 시절은 지나간 것 같아요. 독립 지식인을, 지식 노동자를, 지식 자영업자를 꿈꾸는 사람은 앞으로 어떻게 살아야 할까요. 요즘 나의 고민은 인디 뮤지션의 고민과 비슷합니다. 그래서 에라스뮈스를 '인디 지식인'이라고 불렀지요.

이 책은 누구를 위한 책일까요. 우선 라틴어와 서양 문화에 관심 있는 독자들을 위해 나는 이 책을 썼습니다. 또한 '인디 지식인'으로 살아가는 꿈을 꾸는 동지들과 이 책을 함께 읽고 싶네요.

2018년 11월, 김태권

| 차 례 |

저자의 말 …4

[01장] 불우한 청년 시절

01 에라스무스인가, 에라스뮈스인가? …………………………… 12
격언 이야기 | 친구들은 모든 것을 공유한다 amicorum communia omnia …14

02 출생의 비밀 …………………………………………… 21
격언 이야기 | 밭이 아니라 한 해가 소출을 낸다 annus producit, non ager …22

03 부모의 죽음과 더 큰 시련 ……………………………… 31
격언 이야기 | 불로써 확인된 황금 aurum igni probatum …32

04 고향을 떠나며 ………………………………………… 40
격언 이야기 | 바타비아 사람의 귀 auris Batava …42

05 나라 없는 사람 ………………………………………… 47
격언 이야기 | 한 배에 올라 있다 in eadem es navi …49

[02장] '인디 지식인'의 길

06 고달픈 파리 생활 ……………………………………… 58
격언 이야기 | 코를 잡아끌다 naribus trahere …59

07 지식인의 먹고살 걱정 ………………………………… 64
격언 이야기 | 빨리 주는 사람이 두 번 준다 bis dat qui cito dat …65

08 영국에서 환영받으며 ………………………………… 72
격언 이야기 | 끊임없는 물방울이 바위를 뚫는다 assidua stilla saxum excavat …74

09 다시 열린 고생문 ……………………………………… 79
격언 이야기 | 죽은 자에게서 이문을 챙기다 a mortuo tributum exigere …80

10 『격언집』의 탄생 ……………………………………… 86
격언 이야기 | 사악한 자는 쥐에게라도 깨물릴 것 virum improbum vel mus mordeat …87

[03장] 끝나지 않은 고난

11 『격언집』은 어떤 책인가 ························· 92
격언 이야기 | 여우는 많은 것을 알지만 고슴도치는 큰 것 하나를 안다 multa novit vulpes, verum echinus unum magnum …94

12 책으로 세상을 바꿀 수 있을까 ············· 101
격언 이야기 | 글에서 등잔 냄새가 난다 olet lucernam …102

13 먹고살기에 아직 부족한 ······················· 107
격언 이야기 | 뭘 팔든 이문엔 좋은 냄새가 난다 lucri bonus est odor ex re qualibet …108

14 죽음이 두려워 달아나다 ······················· 113
격언 이야기 1 | 카르페 디엠 carpe diem …114
격언 이야기 2 | 메멘토 모리 memento mori …117

15 새로운 공부에 도전 ····························· 121
격언 이야기 | 충족할 수 없는 통 inexplebile dolium …122

[04장] 에라스뮈스의 성공

16 『신약성서』를 연구하다 ························ 128
격언 이야기 | 어둠이 빛을 이겨 본 적이 없다 …130

17 대표작 『우신예찬』 ···························· 134
격언 이야기 | 아르킬로코스적 발언 Archilochia edicta …135

18 껄끄러운 이야기를 웃음으로 ·················· 140
격언 이야기 | 술 속에 진리가 있다 in vino veritas …142

19 유명인사가 된 에라스뮈스 ···················· 147
격언 이야기 | 이 역시 언젠가는 회상하기 즐겁겠지 forsan et haec olim meminisse iuvabit …148

[막간의 장] 에라스뮈스의 사랑 이야기

1 사랑은 정신 나간 짓? ·················· 154
　격언 이야기 | 베누스의 맹세 Venereum iusiurandum ···154

2 어쩌면 '금지된 사랑'이었나 ·················· 158
　격언 이야기 | 행복한 두 사람 fortunati ambo ···159

3 사랑보다 귀한 것은 무엇인가 ·················· 164
　격언 이야기 | 아도니스의 정원 Adonidis horti ···164

4 에라스뮈스와 신 ·················· 169
　격언 이야기 | 결코 지나치지 말라 ne quid nimis ···169

[05장] 종교 개혁의 타오르는 불길

20 에라스뮈스와 권력자들 ·················· 174
　격언 이야기 | 자줏빛 옷을 입은 원숭이 simia in purpura ···175

21 중세 교회의 위기 ·················· 180
　격언 이야기 | 대제사장의 저녁 식사 pontificalis coena ···181

22 무시당한 경고 ·················· 186
　격언 이야기 | 카산드라의 예언 ···187

23 루터와 에라스뮈스 ·················· 191
　격언 이야기 | 작대기를 발로 contra stimulum calces ···192

24 몰락의 시작 ·················· 197
　격언 이야기 | 늑대의 귀를 잡다 auribus lupum teneo ···198

[06장] 달아나고 또 달아나다

25 가톨릭 대 신교 ·· 204
　격언 이야기 | 못을 못으로 뽑는다 clavum clavo pellere ···205

26 편 가르기의 시대 ·· 209
　격언 이야기 | 닮은 것은 닮은 것을 기쁘게 한다 simile gaudet simili ···210

27 불가능한 선택 ·· 215
　격언 이야기 | 카리브디스를 피하여 스킬라에게 잡히다 evitata Charybdi in Scyllam incidi
　　　　　　　 연기를 피하려다 불 속에 떨어지다 fumum fugiens in ignem incidi ···216

28 막다른 골목 ··· 221
　격언 이야기 | 침묵하는 이는 동의하는 것 qui tacet consentit ···222

29 달아나는 에라스뮈스 ·· 226
　격언 이야기 | 자기 집이 최고의 집 domus amica domus optima ···227

30 고통스러운 말년 ··· 231
　격언 이야기 | 한 발을 카론의 배에 올리다 alterum pedem in cymba Charontis habere ···232

[07장] 에라스뮈스의 친구들

31 공감은 못하겠다는 하위징아 ······················ 238
격언 이야기 | 제비 한 마리가 봄을 가져오진 않는다 una hirundo non facit ver ···240

32 제 이야기로 생각한 츠바이크 ······················ 244
격언 이야기 | 현명한 자는 자신의 보물을 지니고 다닌다 sapiens sua bona secum fert ···246

33 로맹 가리와 인문주의자 ······················ 250
격언 이야기 | 나랏일은 교양 교육과 어울리지 않는다 Respublica nihil ad musicum ···252

34 볼테르와 하이네와 새로운 친구들 ······················ 257
격언 이야기 | 벼룩이 문다고 신을 청하다 in pulcis morsu deum invocat ···259

[08장] 죽음과 유산

35 에라스뮈스의 쓸쓸한 죽음 ······················ 266
격언 이야기 | 인간의 삶은 여행의 길 vita hominis peregrinatio ···268

36 기억에서 지워진 이름 ······················ 271
격언 이야기 | 세상 만물을 거두는 시간 ···272

37 반전 평화라는 유산 ······················ 277
격언 이야기 | 전쟁은 달콤하다, 겪어 보지 않은 자에게나 dulce bellum inexpertis ···278

38 관용의 정신 ······················ 283
격언 이야기 | 사람 수만큼 다른 생각 Quot homines, tot sententiae ···284

마치며 ··· 289
격언 찾아보기 ··· 292

불우한 청년 시절 **01**장

에라스뮈스인가, 에라스무스인가?
출생의 비밀
부모의 죽음과 더 큰 시련
고향을 떠나며
나라 없는 사람

에라스무스인가, 에라스뮈스인가?

이름부터가 쉽지 않습니다. 어느 책에는 에라스무스라고 나오고 어느 책에는 에라스뮈스라고 나옵니다. 어느 쪽이 맞을까요? 결론부터 말하자면 사실 둘 다 맞는다고도 할 수 있어요. 그의 생애의 비밀이 여기 숨어 있죠.

공식적으로는 에라스뮈스가 맞습니다. 세계사 교과서에는 에라스뮈스라고 되어 있죠. 왜냐하면 네덜란드에서 태어난 사람이기 때문입니다. 네덜란드는 당시 스페인의 지배를 받던 작은 땅이었지만 상업이 발달하여 잘사는 지역이었어요. 생활과 교육 수준이 높고 중세치고는 생각이 열린 사람이 많았습니다. '에라스뮈스'는 여기서 어린 시절을 보내며 자유로운 생각의 영향을 받았죠.

그런데 에라스무스도 틀린 표기라고 하긴 어려워요. 이 이름은 라틴어 표기입니다. 라틴어는 옛날 로마 나라에서 쓰던 말이죠. 그는 고대 희랍 문헌과 로마 문헌을 연구한 사람이에요. 자기 이름을 라틴어로 불러 주면 좋아했을지도 모릅니다. 나도 에라스무스라고 부르는 쪽을 좋아합니다.

또한 라틴어는 당시 유럽의 공용어였어요. '에라스무스'는 공부를 하러 유럽 곳곳을 돌아다녔지요. 그래서 오늘날 유럽연합 여러 나라를 돌아다니며 장학금을 받고 공부하는 학사제도를 '에라스무스 프로그램'이라고 부른답니다. (현재는 '에라스무스+ 프로그램'이 진행 중입니다.)

〈에라스뮈스(클레이)〉 김태권, 사진 : 이은경

인터넷도 없고 책 배달 서비스도 없던 시대입니다. 필요한 책이 있으면 직접 찾아가야 했죠. 같은 분야를 공부하는 유럽 곳곳의 지식인들과 친구가 되었고 의견을 나누며 자기 생각을 더욱 발전시켰답니다. 이렇게 탄생한 것이 휴머니즘, 즉 서양의 인문주의입니다. 옛날 옛적 고대 문화를 부활시키겠다는 기획이었는데 결국 새로운 시대인 근대를 불러오게 되었지요. 현대는 근대에서 이어지는 것, 오늘날의 세상은 '에라스무스와 친구들'에게 빚을 진 셈입니다.

친구들은 모든 것을 공유한다

▶　　　　서로 어울리지 않아 보이는 이들이 과연 함께 나눌 이야
깃거리가 있을까요? 그 자리에 빈센트 반 고흐까지 합석한다면? 네덜
란드의 인문주의자 에라스뮈스가 그 답을 아는 것 같군요.

　에라스뮈스가 살던 시절은 르네상스와 종교개혁의 시대였습니다. 배
웠다는 사람들끼리 이쪽 아니면 저쪽으로 편을 갈라 으르렁거렸지요.
상호 불신과 증오의 틈바구니에서 에라스뮈스는 어느 쪽에도 치우치지
않고 자유로운 정신을 지키기 위해 노력했어요. 사람들이 열심히 공부
하여 옛사람들의 지혜를 얻는다면, 더 평화롭고 나은 세상이 되리라고
굳게 믿었으니까요.

　그런데 옛 지혜가 담긴 그리스 로마의 고전들은 어렵고 양도 많아서,
사람들이 읽어 보기가 쉽지 않았어요. 에라스뮈스는 그 많은 문헌들로
부터 수천 가지 지혜로운 말을 모아 『아다기아Adagia』라는 라틴어 격언
집으로 묶었지요.(앞으로는 『격언집』으로 지칭할게요.)

　이 책은 'amicorum communia omnia, 아미코룸 콤무니아 옴니아'라는
말로 시작됩니다. '친구들은 모든 것을 공유한다'는 뜻이라나요. 아! 이
처럼 마음이 넉넉해지는 말도 흔치 않겠네요. 그리스의 시인 에우리피
데스는 "친구들은 고통을 또한 나눈다"고 노래했대요. '슬픔은 나누면
반이 되고 기쁨은 나누면 배가 된다'는 우리 속담이 생각나죠?

　에라스뮈스는 여기서 한 걸음 더 나아갔어요. 그의 해석으로, 친구들
끼리 단지 마음을 나누는 것으론 충분하지 않대요. 진정 마음이 통하는

사람들끼리는 사유재산을 포기하고 모든 재산을 공유해야 마땅하다는 데요.

이런 이야기는 오늘날 우리네 평범한 사람들한테는 낯설기도 하고 조금 위험하게도 들리네요. 그러나 오히려 옛날 그리스의 지혜로운 사람들에게는 이런 생각이 자연스러웠다고 에라스뮈스는 귀띔합니다. "플라톤에 따르면, 나의 것과 너의 것이라는 단어를 들을 수 없는 공동체에서야말로 행복과 만족이 지배하게 될 것"이라고 그는 적었지요.

여기서 잠깐. 이런 행복을 누릴 수 있는 것은 어려운 철학을 공부한 사람들만이 아닌가 봐요. 외로운 화가였던 빈센트 반 고흐는 농부들의 조촐한 식탁에서 큰 행복을 발견하였어요. 보세요! 그림에서는 〈감자를 먹는 사람들〉 사이에 에라스뮈스가 몸소 앉아 먹을 것을 나누고 있네요. 훗날 빈센트는 친구들끼리 모든 것을 공유하는 화가 공동체 운동을

빈센트 반 고흐, 〈감자를 먹는 사람들〉, 1885년(반 고흐 미술관, 암스테르담)

위하여 아를로 향하지요.

빈센트가 그림을 그리기 전에 선교사 생활을 했다는 것을 알고 계시나요? 그는 딱딱하고 어려운 설교를 하는 대신, 가난한 광부들의 친구가 되어 자신이 가진 모든 것을 함께 나누었어요. 빈센트가 생각하기에 이것이야말로 예수의 가르침이었으니까요.

에라스뮈스 역시 이상주의적 공산 사회의 이념이야말로 예수 그리스도의 가르침과 일치한다고 지적하고 있습니다. "기독교인들이 플라톤적 공산 국가를 지지하지 않는다는 사실…이 나로서는 놀라울 따름이다. 이교도의 철학자들 가운데 플라톤만큼 예수 그리스도의 정신에 부합하는 사상가가 또 있을까?" 고전학자 에라스뮈스는 당대 최고의 『신약성서』 연구자이기도 하니 이런 그의 말은 믿어도 되겠지요. 오늘날의 점잖은 어떤 어르신들은 펄펄 뛰시겠지만.

공산주의, 교회 공동체, 그리고 소통

'아미코룸 콤무니아 옴니아, amicorum communia omnia'에서 '모두의 것, 함께 나누는 것'으로 번역한 라틴어 콤무니아communia는 원래 형용사 콤무니스communis에서 왔습니다. 여기서 나온 손주뻘 되는 말들을 살펴볼까요?

communication : 라틴어 동사 콤무니카레communicare에서 왔습니다. 함께 나누다는 뜻에서 정보를 주다, 의견을 나누다는 뜻으로 발전했습니다.

community : 원래 뜻은 '같은 지역에 사는, 왕이나 성직자가 아닌 사람들'을 뜻했대요. 요즘처럼 온라인 코뮤니티를 뜻하게 된 것은 당연한 이야기겠지만 최근의 일입니다. (그런데 정작 영어권에서는 온라인 코뮤니티라는 말을 그렇게 많이 쓰지는 않는 것 같네요.)

communist : 공산주의나 사회주의라고 하면 겁부터 납니다. 여러 해 전까지만 해도 공산주의라는 말을 함부로 했다가는 잡혀가고 그랬어요. 마르크스주의부터 생각나지만 사실은 더 오래된 사상이기도 합니다. "카를 마르크스는 여러 사회주의자 가운데 한 사람." 20세기 초에는 사회주의자였던 잭 런던의 소설에 나오는 말입니다.

communion : 얄궂게도 교회 공동체라는 단어가 공산주의자와 멀지 않은 친척입니다. 대문자로 Communion이라고 쓰면 기독교의 '성찬식, 영성체'를 뜻하는 말이 됩니다. 예배(미사)를 드릴 때 가장 핵심이 되는 부분이니까요.

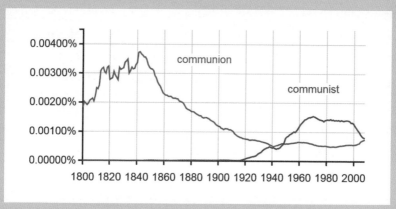

구글 엔그램 뷰어로 살펴본 'communion'과 'communist'

말의 역사를 살펴볼 수 있을까요? 교회 공동체라거나 공산주의자라는 말이 옛날에 얼마나 많이 쓰였고 지금은 어떻게 쓰이고 있는지 확인할 방법이 있을까요? 구글 엔그램 뷰어가 좋은 방법입니다. 영어 엔그램 뷰어는 천만 권 가까운 책을 스캔해서 거기 나온 모든 단어와 구절을 세어 주는 서비스입니다.

교회 공동체communion라는 말은 19세기 중반 이후로는 책에 자주 쓰이지 않게 되었다는 것을 알 수 있습니다. 이후로 언급되는 빈도가 완만하게 빠지고 있지요. 과학과 기술의 발달로 영어권 사람들의 신앙심이 식었나 봐요.

공산주의자communist라는 말은 영미권에서 거의 눈길을 끌지 않다가 1917년 러시아 혁명 이후로 갑자기 치솟기 시작합니다. 관련된 출판물들이 많이 나왔다는 뜻이지요. 미국과 소련의 냉전이 한참이던 1960년대와 1970년대에 정점을 찍습니다. 그러다가 1990년대 말에 공산주의를 표방하던 국가들이 무너지면서 차츰 책에 오르내리지 않는 단어가 되었습니다.

두 낱말이 만나는 부분이 흥미롭습니다. 공산주의자 곡선이 교회 공동체 곡선을 뚫고 올라가는 시점, 즉 공산주의자라는 말이 교회 공동체라는 말보다 사람들의 관심을 받기 시작한 시점이 1948년과 1949년 무렵입니다. 2차 대전이 끝난 것이 1945년이고 한국 전쟁이 시작한 때가 1950년이지요. 저때는 냉전이 막 시작할 무렵입니다. 한국에서는 4·3 사건 등 이념 갈등 때문에 현대사의 비극이 터지던 때이기도 하고요.

20세기 중반부터 교회 공동체에 대한 관심은 완만하게 이어집니다. 특별히 빠지지도 않고 특별히 늘어나지도 않는 것을 알 수 있습니다. 반면 현실 사회주의 국가들이 붕괴하고 20년 동안 공산주의자라는 말에 대한 관심은 쭉 빠지고 있습니다. 추세를 보면 두 곡선은 다시 만날 것처럼 보입니다. 아니, 이미 만났을지도 모릅니다. 저 데이터가 2009년까지 출판된 책들로 만든 자료니까요.

앞으로는 어떻게 될까요? 기독교 전통과 사회주의 전통 사이의 대화 communication가 다시 활발히 일어날 수도 있겠죠. 이를테면 교황청은 기독교 전통을 지키고 20세기 내내 공산주의에 맞서 싸우던 한 축이지만, 동시에 자본주의와 신자유주의에 대해서도 비판하고 있거든요. "따지고 보면 예수는 근본적인 혁명가였다." 20세기의 좌파 지식인 에릭 홉스봄의 말입니다.

02
▶
출생의 비밀

에라스뮈스의 원래 이름은 에라스뮈스 헤라르트였을 것이라고 추측합니다. 정확히는 몰라요. 당시 중산층 사람들은 이름만 있고 성이 없었거든요. 태어난 해도 잘 모릅니다. 아마 1466년이었다는 것 같아요.

어째서 이렇게 확실치 않은 것이 많을까요. 출생의 비밀 때문입니다. 에라스뮈스는 혼외 자식, 이른바 사생아였어요. 그가 태어났을 때 아버지와 어머니는 결혼하지 않은 사이였지요. 나중에라도 결혼하면 되지 않냐고요? 그럴 수가 없었어요. 아버지는 가톨릭 성직자였거든요. 한술 더 떠 아버지와 어머니가 친척 사이였다는 설도 있습니다.

"젊은 남녀가 서로 사랑했다. 그런데 남자가 공부하러 떠난 사이에 여자가 죽었다는 소문이 났고, 남자는 크게 슬퍼하며 평생 독신으로 살기 위해 가톨릭 사제가 되었다. 하지만 소문은 거짓이었고 다시 만난 두 연인은 에라스뮈스를 낳았다"는 주장도 있어요. 금지된 사랑이긴 하지만 아름다운 인연이었다는 이야기. 그러나 사실이 아닙니다. 에라스뮈스 위로 세 살 터울의 형도 있었거든요.

요컨대 에라스뮈스는 어느 모로 보나 난감한 상황에서 태어났습니다. 환영받지 않은 아이였지요. 이런 상황에서 성공하기는 오늘날이어도 쉽지 않은 일입니다. 중세처럼 신분을 중시하던 사회에서는 오죽했을까요. 살아남기 위해 그가 선택한 길은 공부. 아버지의 서가에서, 수도원 학교의 도서관에서, 라틴어로 된 어려운 책과 씨름했지요. 라틴어 실력이 뛰어난 학생으로 소문이 납니다. 공부를 통해 사회의 인정을 받게 되었어요.

훗날 『격언집』에서 '밭이 아니라 한 해가 소출을 낸다'라는 라틴어 격언을 소개하며 에라스뮈스의 감회는 남달랐을 것입니다. 개인은 가문과 신분 등 타고난 조건이 아니라 자신의 노력을 통해 성공할 수 있다는 뜻이기 때문이지요. 금수저가 아닌 이른바 흙수저로 사는 사람들에게 시대를 초월해 위안이 되는 말. 또 에라스뮈스 스스로의 경험이 담긴 격언이기도 합니다.

| 격언 이야기 |
밭이 아니라 한 해가 소출을 낸다

『한비자』에는 '화씨의 옥(和氏之璧, 화씨지벽)'이란 이야기가 있습니다. 화씨란 사람이 옥돌을 발견하고 왕에게 바쳤답니다. 그러나 전문가는 그 옥돌이 돌덩어리라고 했고, 화씨는 사기꾼으로 몰려 왼쪽 발목이 잘

렸습니다. 왕이 바뀌자 화씨는 옥돌을 다시 바쳤습니다. 전문가의 감정 결과는 다시 돌덩어리. 화씨는 오른쪽 발목마저 잘렸습니다. 세 번째 왕이 즉위하고서야 화씨의 옥돌은 제대로 평가를 받았답니다. 그 옥돌을 다듬어 얻은 보물이 '화씨의 옥'입니다.

순자는 이 이야기에서 "사람을 교육하는 것은 마치 옥을 갈고 쪼는 것과 같다"는 교훈을 이끌어 냅니다. 『시경』에서는 옥을 갈고 쪼는 것을 '절차탁마(切磋琢磨)'라고 했는데, 사람 역시 절차탁마를 거쳐 훌륭한 사람이 될 수 있다는 겁니다. '화씨의 옥'은 돌덩어리에 지나지 않았지만 기술자가 다듬자 으뜸가는 보물이 됐고, 공자의 제자였던 자공과 자로는 촌사람이었지만 열심히 공부하여 최고의 선비가 됐습니다. 노력하는 사람이 성공한다고 우리는 믿고 싶습니다. 그래서 혈통과 신분을 내세우는 사람보다는 출신이 어떻든 열심히 노력하는 사람에게 응원을 보냅니다.

김홍도는 조선 후기 사회를 날카롭게 그려 냈습니다. 논농사의 경우 지주와 소작인은 병작반수, 곧 50퍼센트로 수확을 나누는 것이 보통이었다죠. 그림에서처럼 농민들과 지주는 일대일로 수익을 나누게 됩니다. 농민들은 한 해 땀 흘려 일한 대가를 가져가지만, 양반은 모로 누워 곰방대를 빨고 있어도 물려받은 신분과 지위 덕분에 같은 몫을 받아 갑니다.

'밭이 아니라 한 해가 소출을 낸다(annus producit, non ager, 안누스 프로두키트 논 아게르)'라는 라틴어 격언이 있습니다. 좋은 밭에 뿌려진 씨앗이라도 한 해의 날씨가 좋지 않으면 좋은 소출을 낼 수 없습니다. 반면 거친 밭이라도 한 해 동안 좋은 날씨와 농부의 보살핌이 있다면, 좋은 소출을 낼 것입니다.

　에라스뮈스는 이 격언을 교육의 문제에 적용합니다. "누구의 자식인지는 중요하지 않으며 다만 교육이 결정적 구실을 한다. 혈통의 문제는 하찮은 것이다. 어떻게 가르치느냐가 모든 것을 좌우한다. 곧 기후가 대지의 소생을 크게 자라도록 키우는 것과 같은 이치다." 신분이 좋지 않아도 열심히 배우고 좋은 교육을 받으면 훌륭한 사람이 된다는 겁니다. 좋은 가문에서 태어난 아이도 그렇지 않은 아이도, 좋은 교육을 받을 기

김홍도, 〈수확도〉, 18세기경(국립중앙박물관)

회를 골고루 얻어야 합니다. 그 기회마저 박탈된다면 너무 서러운 일일 겁니다.

화씨는 서러웠습니다. 『한비자』에 따르면 피눈물을 흘렸다고 합니다. "발목이 잘린 것을 슬퍼하는 게 아닙니다. … 보배스러운 옥을 돌덩어리라고 하는 것 때문에 나는 비통해합니다." 그는 절차탁마의 기회조차 박탈당한 옥돌을 보고 원통했던 겁니다.

대부분의 우리는 평등한 사회까지는 바라지도 않습니다. 그러나 적어도 기회는 평등하면 좋겠다고 생각합니다. 그 기회에 해당하는 대표적인 것이 교육입니다. 누구나 교육을 받을 기회를 받아야 한다고 생각합니다. 혼외 자식으로 태어난 에라스뮈스가 교육조차 제대로 받을 기회가 없었다면 어떻게 되었을까요. 에라스뮈스가 없고 에라스뮈스에게 영향을 받았을 수많은 지식인들이 없는 우리 문명의 모습은 어떤 것이었을까요.

'한 해'에서 농사까지

'밭이 아니라 한 해가 소출을 낸다annus producit, non ager'에서 안누스annus는 '한 해', 아게르ager는 '밭', 프로두키트producit는 '소출을 낸다'는 뜻이지요. 손주뻘 되는 말들을 알아 봅시다.

annual : '한 해에 한 번씩'이라는 의미입니다.

annals : 일어난 일을 해마다 기록하는 책, 즉 '연대기'. 라틴어 안날레스 리브리(annales libri, 해마다의 책들)에서 왔습니다.

anniversary : '해마다 돌아오는 날'이므로, '기념일'이라는 뜻입니다. 라틴어 안누스annus와 베르수스(versus, 돌아선)가 합한 말인 중세 라틴어 안니베르사리움anniversarium에서 기원했지요. 중세에는 해마다 돌아오는 기독교 성인들의 축일을 가리키던 말이었습니다.

biennale : '두 해에 한 번씩'이라는 뜻입니다. 광주비엔날레는 두 해에 한 번씩 열리지요. 비엔날레는 이탈리아어 비에날레biennale에서 온 말입니다. 라틴어 안누스annus 앞에 '둘'이라는 의미의 비bi가 붙었습니다. 'bi'는 영어로 자전거를 뜻하는 바이시클(bicycle, 둥근 바퀴가 둘)에도 있지요.

produce : 라틴어 프로두코produco에서 온 말입니다. 앞으로(pro, 프로) 끌고오다(duco, 두코)가 합한 단어이지요. TV 프로그램 〈프로듀스 101〉의 '101'은 원래 미국 대학의 '기초 과정' 과목에 붙는 번호랍니다.

agriculture : '농업'이라는 의미입니다. '밭'을 '가는 일'이라는 라틴어에서 온 말이에요. '밭'을 뜻하는 아게르ager는 다른 말과 붙을 때 아그리agri나 아그로agro라는 형태로 바뀝니다. '경작'을 의미하는 쿨투라cultura는 culture부터 colony까지 다양한 어휘와 관계가 깊습니다.

통계로 보는 '교육'의 현실

오늘날 교육의 기회는 평등할까요? 이 문제에 대해 좋은 글을 읽었습니다. 한겨레 2018년 1월 6일자 칼럼 〈신현호의 차트 읽어주는 남자〉에 실린 두 개의 그래프를 소개하고자 합니다.

첫 번째 그래프는 '위대한 개츠비 곡선'이라는 별명으로 불립니다. 스코트 피츠제럴드의 소설 『위대한 개츠비』 첫머리에 이런 말이 나와요. "세상의 모든 사람이 다 너처럼 유리한 입장에 서 있는 것은 아니다." 소설의 화자인 부잣집 아들 닉 캐러웨이가 듣는 말이지요. 부잣집 자녀는 가난한 집 자녀보다 성공할 가능성이 더 크다는 뜻일 겁니다.

그래프의 가로축은 지니계수. 모든 인구가 소득이 똑같은 완전히 평등한 사회라면 지니계수는 0이 됩니다. 반면 한 사람이 모든 소득을 독차지

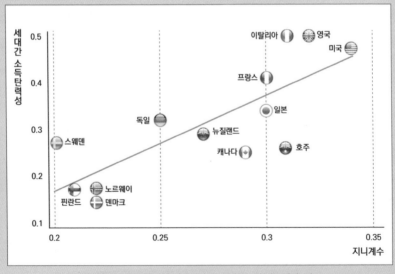

위대한 개츠비 곡선(출처: 『저널 오브 이코노믹 퍼스펙티브』)

하고 나머지 사람이 빈털터리인 완전히 불평등한 사회라면 1이 됩니다. 현실 세계에서는 0과 1 사이 어딘가에 해당하겠죠. 지니계수가 높을수록 불평등한 사회, 낮을수록 그나마 평등한 사회에 가깝습니다. 세로축은 세대 간 소득 탄력성. 부모 세대가 부자인데 자녀 세대가 부자거나 부모 세대가 가난한데 자녀 세대가 가난한 경우가 많다면 이 수치가 높습니다. 부와 가난의 대물림을 보여주는 지표겠지요.

요컨대 오른쪽으로 갈수록 현재 불평등한 사회, 위로 갈수록 빈부 격차가 대물림되는 사회라는 의미입니다. 원래 글을 인용하자면 "세로축은 세대 간 소득 탄력성이라는 지표인데, 부모가 잘살수록 자녀 역시 잘사는 정도를 표현한 것으로 위쪽으로 갈수록 부와 소득이 세습되는 경향이 강한 사회입니다. 오른쪽 윗부분에 위치한 미국, 영국, 이탈리아는 불평등도 심하면서 부의 세습도 강한 나라이고, 왼쪽 아래에 있는 북유럽 국가들(스웨덴, 덴마크, 핀란드, 노르웨이 등)은 반대로 불평등 정도도 작고 세습도 약한 나라입니다."

적지 않은 분들이 생각할 겁니다. '한국 사회는 오른쪽 위에 속하겠구나.' 그런데 실제로는 그와 다르다고 해요. 지난 몇 년간 나온 계산에 따르면 한국 사회의 세대 간 소득 탄력성은 "부의 세습이 매우 강한 영미권 국가와는 뚜렷이 다르고… 북유럽 국가들과 오히려 유사한 수준"이라고 하네요. 믿어지시나요?

왜 이런 차이가 생긴 것일까요. 신현호 경제평론가는 「세대 간 계층 이동성과 교육의 역할」이라는 광주과학기술원 김희삼 교수의 KDI 연구보고서를 소개합니다. "이 그림에서 세대 명칭은 40·50대 남성의 입장에서의 관계를 나타냅니다." 지난 시절에는 "할아버지의 교육·경제 수준이 높을수록 아버지의 교육·경제 수준이 높아지는 정도가 컸다"는 사실을 알 수 있

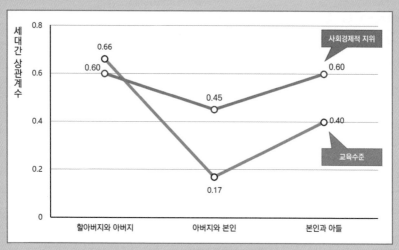

세대 간 상관계수 추이(출처: KDI)

습니다. 옛날에는 불평등한 정도가 심했다는 의미지요. "그러나 본인과 아버지의 관계는 많이 달랐습니다. 아버지의 교육·경제 수준이 본인의 교육·경제 수준에 미치는 영향은 크게 줄어들었습니다." 교육을 통해 세대 간 계층 이동이 한동안 이루어졌다는 의미입니다.

반면 지금은 어떨까요. 부모의 교육 수준이 높을수록 자녀의 교육 수준이 높고, 부모의 신분이 높을수록 자녀 역시 그렇습니다. 다시 옛날의 불평등한 시절로 돌아가는 걸까요? 지난 세대부터 한동안 한국 사회는 개츠비 곡선의 왼쪽 아래에 머물렀지만 이제 오른쪽 위로 빠르게 이동하는 것 같네요. 우리가 체감하는 기회의 불평등은 이런 변화 때문이 아닐까요.

03
▶
부모의 죽음과 더 큰 시련

에라스뮈스가 아직 어렸을 때, 어머니가 세상을 떠났습니다. 열두 살 또는 열세 살 때의 일이었다고 에라스뮈스는 기억하네요. (하위징아의 추정으로는 열여덟 살이었대요.) 혼외자로 태어나 세상의 차가운 대접을 받았지만, 아니 어쩌면 바로 그 때문에, 어머니만큼은 그를 따뜻하게 대해 주셨지요.

어머니가 숨진 충격이 가시기도 전에 이번에는 아버지가 세상을 뜹니다. 돌림병 때문이었다고 합니다. 중세 유럽에서 돌림병은 자주 일어나는 재앙이었습니다. 에라스뮈스는 평생 돌림병을 두려워하는데요, 어쩌면 병에 대한 공포가 이 무렵 그의 마음에 자리 잡았을지도 모르겠네요.

고아가 된 에라스뮈스 형제. 세 사람의 보호자가 그들을 떠맡았습니다. 그런데 에라스뮈스는 이들을 평생 원망합니다. 형제를 돌봐 주기는커녕 수도원에 딸린 학교에 집어넣고 나 몰라라 했기 때문입니다. 에라스뮈스는 대학에 가서 공부하고 싶었지만 이들은 보내 주지 않았어요. 아버지가 물려준 얼마 안 되는 재산도 이들이 관리를 잘못해 깎아 먹었다나요. 대신 '보호자'들은 에라스뮈스와 형을 수도원에 넣고 성직자를 만들려고 했어요. 에라스뮈스는 멀리멀리 달아나 대학에 들어갈 계획까지 세웠지만 결국 강권을 이기지 못해 스테인 수도원에 들어가 성직자가 됩니다. 에라스뮈스 본인의 주장에 따르면 열다섯, 하위징아의 추정으로는 스무 살 때의 일입니다.

스테인 수도원은 답답한 곳이었다고 에라스뮈스는 기억합니다. 하위징아에 따르면 긍정적인 면도 있었던 것 같습니다만. 아무려나 에라스뮈스는 언젠가 그곳을 빠져나와 자유로운 공부를 계속할 뜻을 굽히지 않았습니다.

시련을 겪으며 에라스뮈스의 꿈은 영글어 갔습니다. 에라스뮈스는 어떤 사람이 되고 싶었을까요. 그는 '인디 지식인'이 되려 했다고, 나는 감히 생각합니다. 요즘 말하는 인디 음악가나 인디 영화인처럼, 어디에도 속하지 않고 자기 읽고 싶은 것을 읽고 쓰고 싶은 것을 쓰는 사람. 그런 독립적인 지식인을 이 책에서 나는 인디 지식인이라고 부르겠습니다.

| 격언 이야기 |
불로써 확인된 황금

때로 슬픔이 몰려옵니다. 반 고흐의 편지처럼, "불행이 나만 따로 비켜 가지는 않으니까." 나만 빼고 모두가 행복한 것 같고 세상이 나를 적대하는 것 같고, 마침내 시인 백석의 말처럼 "나는 나 혼자도 너무 많은 것같이 생각하며" "내 슬픔이며 어리석음이며를 소처럼 연하여 새김질" 하다가 "내 슬픔과 어리석음에 눌리어 죽을 수밖에 없는 것을 느끼는 것"입니다.

에라스뮈스는 '불로써 확인된 황금(aurum igni probatum, 아우룸 이그니 프로바툼)'이라는 라틴어 격언을 전합니다. 고통에 빠진 인간의 모습을 불 속의 황금에 비유한 것이지요. "황금은 불 속에서도 그 빛을 잃지 않으며 도리어 더 아름답게 빛난다. 진실로 선한 사람들은 불운 속에서도 제 성격을 잃지 않으며 오히려 어둠 속의 빛처럼 반짝인다"고 그는 썼습니다.

중국 명나라 때의 과학 기술서 『천공개물』은 불 속의 황금을 이렇게 설명합니다. "용광로의 은에 풀무질을 하면 불똥이 한 번 일었다 사라질 뿐 다시 나타나지 않는다. 오로지 황금만이 풀무질을 할 때마다 불똥이 튀며, 세차게 할수록 더 거세게 불꽃이 이는 것이다. 금이 귀한 것은 이런 까닭이다." 은은 고온에서 녹이 슬어 그 빛을 잃지만, 금은 잘 산화하지 않기 때문이라나요. 그림 아래쪽 풀무질하는 모습은, 『천공개물』에 실린 옛 판화를 본뜬 것입니다.

위쪽 청년의 모습은 케테 콜비츠의 전쟁 반대 판화에 보입니다. "평화를 외치던 친구의 무덤을 / 군화가 짓밟으며 간다"고 시인 브레히트가 노래한 것처럼, 20세기 초반만 해도 반전 운동은 목숨을 내놓고 하는 일. 1차 대전을 반대하던 리프크네히트가 전후의 혼란 속에 살해되자,

콜비츠는 그의 추모 판화를 제작합니다. 시련의 불구덩이 속에서도 신념을 지킨 사람들은 아름다운 빛으로 남습니다.

한편 고통은 때로는 차가운 이미지로 묘사되기도 합니다. 글쎄요, 뜨거운 탄압이 더 괴로운지 차디찬 무관심이 더 서러운지는 잘 모르겠지만, "침묵 속에서 고통을 함께 나누는 것은 우정의 증표"라는 사실은 확실하겠지요. 20세기 남미 해방 신학자 구티에레스 신부의 말입니다.

19세기 조선의 김정희는 멀리 유배를 떠납니다. 높은 벼슬에 있을 때 살갑던 주위 사람들은 찬 서리를 맞은 듯 사라집니다. 그런데 이 어려운 시기에 옛 제자 이상적은 여러 해 동안 그를 챙겼고, 김정희는 〈세한도〉를 그려 선물합니다. '세한(歲寒)', 곧 날씨가 추워진 다음에야 소나무와 잣나무가 시들지 않음을 알게 된다지요.(歲寒然後 知松柏之後凋也, 『논어』 「자한편」) 뜨거운 불길 속에서 황금이 번쩍이듯, 차가운 눈 속에서 소나무와 잣나무는 푸른빛을 뿜습니다.

그러나 시간이 흐르면 큰 고통도 사위게 마련. "이렇게 하여 여러 날이 지나는 동안에 / 내 어지러운 마음에는 슬픔이며, 한탄이며, 가라앉을 것은 차츰 앙금이 되어 가라앉고," 나는 "쌀랑쌀랑 싸락눈이 와서 문창을 치기도 하는 때에" 겨울의 끝을 기다리며 "그 드물다는 굳고 정한 갈매나무"를 생각해 봅니다.(백석, 「남신의주유동박시봉방」)

케테 콜비츠, 〈전쟁은 이제 그만〉, 1924년

불로 황금을 검증하라

라틴어 아우룸aurum은 '황금', 이그니스ignis는 '불'을 뜻하는 명사이고 프로바투스probatus는 '검증되었다'는 뜻의 형용사입니다. 그래서 아우룸 이그니 프로바툼aurum igni probatum은 '불로써 확인된 황금'이 되지요.

probate : 명사로도 동사로도 쓰이며, '유언장을 공증하는 일'을 의미합니다.

prove : '입증하다, 증명하다'의 뜻으로 라틴어 동사 프로보probo에서 온 낱말이에요. 앞서 살펴본 프로바투스probatus는 프로보의 과거분사 형태이지요. 영어 단어 approve나 disappove 등이 같은 식구랍니다.

ignite : '불을 붙이다'는 뜻의 동사입니다. 명사는 ignition이지요. 형용사 ignitable은 '불이 잘 붙는다'는 의미입니다.

원소기호 Au : 금을 나타내는 원소기호입니다. 원자번호는 79번이지요. 라틴어 아우룸aurum의 머릿글자입니다.

▼ 빅데이터로 보는 황금의 운명

황금은 어째서 귀할까요? 옛사람들은 불로 정련하는 '시련'을 거치기 때문이라고도, 대부분의 산에 부식하지 않는 '지조'를 가졌기 때문이라고도 했어요. 마르크스에 따르면 황금이 드문 물질이다 보니 황금을 모으는 데 사람들의 노동 시간이 많이 들어가기 때문이라고 하지요.

오늘날 과학자들의 이야기로는 원자번호가 높은 황금이 지구에서 자연스럽게 만들어지는 물질이 아니래요. 외계에서 운석으로 조금씩 들어왔을 거라고 합니다. 드물기 때문에 귀한 물질이 되었다는 점은 마르크스를 연상시키기도 하네요.

구글 엔그램뷰어로 살펴본 'gold', 'trade', 'dollar'

빅데이터가 들려주는 이야기는 조금 다릅니다. 구글 엔그램뷰어에 gold(황금), trade(교역), dollar(달러)라는 말을 넣어 보았어요. 1700년부터 2009년까지 영어로 된 책들 가운데 저 말들이 각각 얼마나 자주 등장했는지 세어 보여 줍니다. 사람들의 관심이 어떻게 변화했는가 그 추이를 알 수 있지요.

결과는 흥미롭습니다. 옛날부터 사람들이 '황금'이라는 말을 사랑했을 거라고 나는 막연하게 생각했어요. 그러나 아니었네요. 18세기 중반에 이르러 갑자기 관심이 집중된 말이었어요. 그때부터 20세기 초까지 '황금'이라는 말과 '교역'이라는 말은 닮은꼴로 움직이고 있다는 사실 역시 눈길을 끕니다.

그러다가 황금이라는 말의 인기가 훅 꺼지기 시작합니다. 1930년대부터 였어요. 1929년에 시작된 세계 대공황의 영향일 것 같습니다. 경제 위기인데 황금에 대한 관심이 어째서 사그라들었을까요? 대공황의 결과 금본위제가 무너지거든요. 황금이 기축통화의 자리에서 내려오게 되었습니다. 더 이상 나라끼리 주고받는 결제 수단이 황금이 아니게 되었다는 의미지요. 1750년대부터 1930년대까지 황금의 인기는 아마도 국제 교역의 확대와 맞물려 있을 것 같습니다.

황금이 사라진 자리에 달러가 들어섭니다. 1944년 브레튼우즈 협정으로 미국의 달러화가 기축통화의 지위를 얻게 되니까요. 황금의 인기가 쭉 빠지는 동안에도 달러에 대한 관심은 지속됩니다.

요컨대 gold라는 말은 1750년을 전후하여 trade라는 말과 짝을 이루며 관심의 중심에 섭니다. 그러다가 1929년 대공황이 터진 후 몇 년 만에 dollar에 자리를 내주고 관심 밖으로 밀려나게 됩니다. '검증된 황금'이라는 말도 나중에는 '검증된 달러'라는 말로 바뀌려나요? 아니, 어쩌면 '검증된 위안'으로 바뀌게 될지도 모를 일입니다.

04

고향을 떠나며

젊은 에라스뮈스는 고향 네덜란드의 스테인 수도원을 떠나 '인디 지식인'이 될 꿈을 꾸면서도 공부를 게을리하지 않았어요. 라틴어 실력이 뛰어나다는 평을 들었습니다. 라틴어 문장을 우아하게 구사하는 젊은 신부가 있다는 소문이 캉브레 주교의 귀에 들어갔지요.

마침 캉브레 주교는 로마로 떠나려던 참. 라틴어를 잘하는 비서가 필요했어요. 에라스뮈스는 기회를 잡았습니다. 주교의 비서로 보직을 변경받아 수도원을 떠나게 되었거든요. 슈테판 츠바이크의 에라스뮈스 전기에 따르면, "몰래 담판을 해 캉브레 주교가 라틴어 비서로 자신을 초빙하도록 만들었다"고 하네요. 스물일곱 살 되던 1493년의 일이었습니다.

그런데 주교는 미적미적 시간을 끌며 로마로 떠나지 않았어요. 하위징아의 재치 있는 표현에 따르면 "주교는 아주 바빴으나 무슨 일로 그렇게 바쁜지는 알 수가 없었다"고 합니다. 에라스뮈스는 우울했지요. "자신이 재능이 없는 영역인 정치와 야망의 세계에 직접 부딪친 것도 에라스뮈스를 당황하게 만들었을지" 모릅니다. 수도원으로 돌아갈지도 모른다는 불안함도 있었을 테고요.

결국 이태나 시간을 끌다가 1495년이 되어서야 에라스뮈스는 멀리 떠나게 됩니다. 주교를 설득했어요. 자기를 파리의 몽테귀 대학으로 보내 공부를 더 하게 해 달라고요. 공부하는 동안 주교로부터 생활비도 받기로 약속받습니다. 당시 재능 있는 젊은 작가나 예술가들은 돈 많고 지체 높은 사람의 후원금을 받아 생활했거든요.

두 가지 사실을 알 수 있어요. 첫째, 안 그런 것 같으면서도 수완이 좋은 사람이었다는 것. 수도원에 가고 성직을 얻는 등 강한 사람 뜻을 따르는 것 같지만 그러면서도 자기가 원하는 바를 얻어 냈지요. 둘째, 고향을 어지간히도 떠나고 싶었구나. 생각해 보면 에라스뮈스는 네덜란드에서 지내는 동안 좋은 기억이 많지 않았을 거예요. 혼외자로 태어나 부모님을 여의고 원하던 대학 공부도 못하고 주교의 변덕에 시달렸습니다.

에라스뮈스에게 고향은 어떤 의미였을까요? 떠나고 싶은 지긋지긋한 곳이었을지도 모르겠어요. 하지만 그렇다고 해도 남이 자기 고향을 비난하면 싫은 기분이 들었을 테고요. 이런 양가적인 감정은, 사실 우리 한국 사람이라면 이해할 수 있을 것 같습니다. 헬조선이라고 투덜거리다가도, 잘나가는 나라 사람한테 비웃음을 당하면 울컥하는 기분 말이에요. 이런 애증의 감정을 담아, 에라스뮈스는『격언집』에서 '바타비아 사람의 귀'라는 라틴어 표현을 소개합니다.

바타비아 사람의 귀

에라스뮈스는 신중한 사람이라 말도 글도 조심스러웠다고 합니다. 그런데 이런 그가, 울컥 흥분해서 글을 쓴 일이 있어요. 어찌된 사연일까요?

에라스뮈스의 라틴어 격언집에는 '바타비아 사람의 귀(auris Batava, 아우리스 바타비아)'라는 표현이 나옵니다. 누구나 다 아는 시시한 이야기를 혼자 새롭답시고 떠드는 사람, 요즘에도 있죠. 고대 로마에서는 그런 이한테 "그런 구린 이야기는 '바타비아 사람의 귀'에나 참신하게 들릴 것"이라며 핀잔을 줬다나요. 로마 사람 보기에, 바타비아 사람은 그저 메부수수한 촌뜨기였던 거죠.

그런데 바타비아가 어딜까요? 훗날의 네덜란드입니다. 에라스뮈스가 나고 자란 고향이지요. 옛글을 뒤지다가 바타비아를 비하한 표현과 맞닥뜨렸을 때, 그의 심경이 어땠을지 헤아려 봅니다. 차별당하고 무시당하는 그 억울한 기분, 우리도 낯설지 않네요. 게다가 당시 네덜란드는 스페인의 가혹한 식민통치에 시달리고 있었으니 말이죠. 자기 겨레를 싸잡아 비하하는 이 말 때문에, 조신한 에라스뮈스도 발끈했습니다. "어떤 민족이 언젠가 한 번 야만이 아닌 적이 있었겠는가? 먼 옛날 바타비아 사람들에게 적용됐던 말이 오늘날에도 그대로 적용될 수 있겠는가?" 그는 북받친 말투로, 장황하게 써 내려갑니다. "실로 나(에라스뮈스)에게는 우리네 민족 모두에 비해, 보잘것없는 재능만 주어져 있을 뿐이다." 그런데 우리는 르네상스 시대에 에라스뮈스보다 재능 있는 학자를 알지 못하거든요.

에라스뮈스는 자기답지 않게 들뜬 어조로 네덜란드 사람들을 옹호하고 찬양합니다.

그림을 보세요. 악기를 지옥의 형틀로 그려내다니, 대단한 상상력이지요. 〈세속적 쾌락의 정원〉 가운데 '지옥' 부분입니다. 네덜란드의 천재 화가 히에로니무스 보스가 그린 그림이에요. 실로 네덜란드에는 이런저런 재주꾼이 많습니다.(렘브란트도 반 고흐도 여기 출신이래요.) 네덜란드 문화가 뒤처졌다고 생각하는 편벽한 사람은 오늘날에는 없을 겁니다.

그렇다고 에라스뮈스가 자기 고향을 좋아하기만 한 것은 아닙니다. 자기가 나고 자란 땅에 대한 에라스뮈스의 감정은 애증에 가까운 것 같아요. 아무려나 에라스뮈스는 고향을 등지고 서유럽 여러 나라를 다니며 하고 싶은 대로 하며 살아갑니다. 누군가의 눈에는 고단해 보이고, 누군가의 눈에는 부러운 삶이었지요.

히에로니무스 보스, 〈세속적 쾌락의 정원〉('지옥' 부분), 1490~1510년(프라도 미술관, 마드리드)

'귀'와 바타비아

'아우리스 바타비아auris Batava'라는 격언에서 아우리스auris는 '귀'입니다.
그리고 바타비아(Batava, 남성 단수꼴은 Batavus)는 '바타비아 지역, 바타비아
사람들'을 가리키는 형용사입니다.

땅 이름 Batavia : 바타비아는 고대 네덜란드를 가리키던 로마식 이름이지만,
아시아에도 바타비아가 있었어요. 인도네시아 수도 자카르타의 옛날 이
름. 바타비아는 네덜란드의 이름이면서 또한 인도네시아의 도시 이름이기
도 해요. 네덜란드 사람들이 인도네시아에 식민지를 세우며 자기네 땅 이
름을 붙였지요.

네덜란드는 옛날에 스페인의 지배를 받았어요. 에라스뮈스가 죽은 지 반
세기가 지나, 네덜란드는 열심히 싸워 독립을 쟁취했습니다. 그런 다음 얄
궂게도 다른 나라의 독립을 빼앗았어요. 소설 『막스 하벨라르』는 식민지
인도네시아가 네덜란드에게 당한 지독한 수탈을 고발합니다. 차별받던 사
람이 차별하고 수탈당하던 사람이 수탈합니다. 바타비아라는 이름은 우울
한 아시아 근대사에 슬픈 이정표로 남았어요.

바타비아라는 이름을 자랑스러워하던 에라스뮈스. 저승에서라도 이 사실
을 안다면 머쓱해할지 모르겠습니다.

05
▶

나라 없는 사람

서른이 다 되어서야 고향을 떠난 에라스뮈스. 그때부터 나라 없는 사람으로 살아갑니다. 이 나라 저 나라를 다니며 하고 싶은 공부를 하죠.

어떤 사람이 보기에는 부러운 인생입니다. 역할 모델이기도 하고요. 최초의 유럽인, 진정한 코스모폴리탄, 즉 세계 시민으로 이야기되기도 합니다.

반면 어떤 사람에게는 고깝게 보이는 삶입니다. 특히 네덜란드 사람들 입장에서는 섭섭할 것 같습니다. 에라스뮈스가 젊어서 네덜란드에서 시련을 겪은 것은 사실이지만, 고향을 떠나고 싶어 안달복달하던 모습은 남겨진 사람들이 보기에 아쉽긴 하죠. 앞서 '바타비아 사람의 귀'라는 격언을 소개할 때는 네덜란드 편을 들던 그였지만, 같은 네덜란드 사람들에게 남긴 편지를 보면 네덜란드에 대한 실망과 비판을 지나치다 싶을 정도로 쏟아내더군요.

네덜란드 지식인 하위징아는 1924년에 에라스뮈스의 전기를 출판합니다. 이 책에서 그는 에라스뮈스에 대한 아쉬움을 털어놓아요. "에라스뮈스는 어린 시절부터 모국어를 회피하고 라틴어를 썼다. 그는 스테인 수도원을 떠나면서 조국 땅에 대해서도 거리감을 느꼈다. … 홀란트가 자신을 평가해 주지 않았을 뿐만 아니라 자신을 불신하고 나아가 중상모략한다고 확신하게 되었다."

애국자였던 하위징아는 에라스뮈스가 나라를 등진 일이 안타까웠나 봐요. 훗날 하위징아는 "에라스뮈스를 비록 존경하기는 하지만 그에게 공감을 느끼지는 않는다"고 했어요. 왜 이런 말을 했을까요? 에라스뮈스 전기를 우리말로 옮긴 이종인 선생은 하위징아의 지사와 같은 생애에서 그 실마리를 찾습니다. 2차 대전 때 나치 독일이 쳐들어오자 하위징아는 끝까지 네덜란드에 남아 나치와 그 부역자들에 맞섰거든요. 에라스뮈스라면 그렇게 했을까요? 이 책의 뒷부분에서 차차 확인하시길 바랍니다.

반면 오스트리아의 작가 슈테판 츠바이크는 1934년에 에라스뮈스의 전기 소설을 출판하며, 에라스뮈스가 국적에 얽매이지 않는 자유로운 사람이라는 점에 감탄했습니다. 히틀러가 독일의 권력을 잡자, 그 성공에 자극받은 오스트리아 극우파들도 들썩이기 시작합니다. 츠바이크는 영국으로, 아메리카 대륙으로 망명하지요. 여러 나라를 떠돌아다닌 에라스뮈스와 자신을 동일시했던 것 같습니다. 그러다가 2차 대전이 터지고 전쟁 초기에 나치가 승승장구한다는 소식을 듣자 츠바이크는 스스로 목숨을 끊었어요. 세상 밖으로 망명을 나간 셈이지요.

미국의 소설가 커트 보니것은 2차 대전 때 독일군의 포로가 되었습니다. 드레스덴이라는 도시에 수감되어 있었는데, 연합군 공군이 드레스덴의 민간인에게 무차별로 폭격을 가하는 장면을 목격하게 되었어요. 미국에 돌아와 국가주의를 비웃는 소설을 씁니다. 이 장의 제목 '나라 없는 사람'은 그가 남긴 책의 이름이기도 합니다.

네덜란드의 하위징아, 오스트리아의 츠바이크, 미국의 보니것. "국가란 당신에게 무엇인가?"라고 이 세 사람에게 물어보면 각각 다른 대답이 나왔을 겁니다. 까마득한 옛날부터 사람들은 국가에 대해 각자 다른 생각을 했고요.

| 격언 이야기 |
한 배에 올라 있다

'나'라는 개인에게 국가는 무엇일까요?

국가를 배에 비유하면 어떨까요? '한 배에 올라 있다(in eadem es navi, 인 에아뎀 에스 나비)'는 라틴어 표현은 국가가 함께 위험을 겪는 공동운명체임을 뜻합니다. "… 모두 함께 난파의 위험을 같이 겪기 때문이다. 배꼬리에 앉아 있든, 뱃머리에 타고 있든, 아니면 배의 중앙에 있든지 간에 아무런 차이가 없으며, 어떤 경우이든 위험은 마찬가지"라고 에라스뮈스는 설명합니다.

로마의 정치가 키케로는 이렇게 말했다죠. "인간은 다른 사람이 잘되는 꼴을 보고 싶어 하지 않으며, 다른 사람을 파멸시키려고 배 밑에 구

멍을 내기도 한다. 자신도 함께 타고 있는데 말이다." 당시에는 귀족들끼리 원로원에 모여 로마를 다스렸습니다. 키케로가 보기에 국가란 모름지기 공화국이어야 했습니다. 그러나 키케로는 공화정의 붕괴를 막지 못했고 내전 중에 살해당했습니다.

로마는 황제가 다스리는 제국이 되어서도 건재했고 사람들도 그럭저럭 살아갔습니다. 제국이라는 국가 형태를 키케로는 이해할 수 없었지만, 베르길리우스 같은 시인은 내전이 끝난 후 국민 화합을 꿈꾸며 서사시 『아이네이스』를 지었습니다.

『아이네이스』의 주인공은 저승에 들러 지혜를 얻은 후 로마의 시조가 됩니다. 그래서 훗날 중세의 시인 단테는 『신곡』 지옥 편에서 저승 여행을 노래한 베르길리우스를 길잡이로 세웠습니다. 그림과 같이 저승의 조각배에 월계관을 쓴 베르길리우스와 두건을 쓴 단테가 탔습니다. 한편 단테 본인은 조국 피렌체의 정치적 격변 때문에 망명자가 된 사람이지요. 들라크루아는 이 지옥의 조각배 이야기를 그림으로 그렸습니다.(원 그림의 섬뜩한 색채는 살릴 수 없어서, 거친 물결의 느낌을 주기 위해 에도 시대의 일본 화가 호쿠사이의 파도 그림을 빌려왔습니다.) 들라크루아도 온갖 정치적 격변을 겪었지만, 단테와는 달리 조국 프랑스에 남아 대접받으며 살았습니다.

키케로는 공화국을 고집했지만 베르길리우스는 제국에서 영감을 얻었습니다. 시인 단테는 정적에 의해 숙청되어 피렌체를 떠나야 했지만 화가 들라크루아는 거듭되는 혁명에도 눈치껏 살아남았습니다. 이처럼 어떤 사람에게 국가란 이런 것이어야만 하고, 또 어떤 사람에게는 저런 것이어야만 합니다. 또 어떤 사람은 국가의 형태가 어떻든 큰 관심이 없습니다.

국가의 체제나 형태나 절대적인 것은 아닙니다. 왕국도 공화국도 자유주의 국가도 사회주의 국가도 모두 다양한 국가의 형태 가운데 하나일 따름이지요. 하기야 배에도 여러 가지가 있지 않습니까.

노자는 국가란 아주 작아야 한다고 했습니다. 플라톤은 국가가 국민에게 덕을 가르쳐야 한다고 했고요. 이러한 옛날의 국가 이론은 오늘날 우리가 보기에 당황스럽습니다. 그러나 오히려 우리가 특정한 국가 형태, 애국자들이 애국심으로 들끓는 국민국가라는 형태를 너무 당연한 것으로 받아들이는 건 아닐까요?

들라크루아, 〈단테의 조각배〉, 1822년(루브르 박물관, 파리)

정체성에서 네이버까지

라틴어 나비스navis는 '배', 에아뎀eadem은 '같은'이라는 뜻입니다. 에스es는 영어로 'you are'에 해당하는 단수 동사입니다. 그래서 '인 에아뎀 에스 나비in eadem es navi'는 '너 (역시) 같은 배 안에 있다'는 뜻이 되겠습니다. 여기 나온 말들의 손주뻘 되는 단어들이 다음과 같습니다.

identity : 라틴어 에아뎀은 여성 형태이고, 사전에 실리는 남성 형태는 이뎀 idem입니다. '같다, 동일하다'는 뜻에서, 지난 시간의 나 자신과 지금의 나 자신이 같다는 '정체성'이라는 말로 쓰이게 되었어요.

navy, navigate, 그리고 여러 가지 : 라틴어 나비스(navis, 배)와 관련된 단어라는 점은 굳이 설명을 덧붙이지 않아도 다들 아실 겁니다. 인터넷 포털 '네이버 naver'의 이름은 navigate에서 나왔다고 알려져 있으니, 조카손주뻘 된다고 할 수 있겠네요.

빅데이터로 보는 코스모폴리탄

코스모폴리탄cosmopolitan이라는 말은 우주(코스모스, kosmos)를 자기 활동 무대로 삼는 시민이라는 뜻. 대체로 '도시국가'라고 번역하는 말 폴리스polis는 원래 맥락을 살리자면 '생활 공동체'라고 옮겨도 좋을 것 같네요.

구글 엔그램뷰어에 cosmopolitan, patriot(애국자), nationalist(국가주의자 또는 민족주의자)를 넣고 돌려 봤습니다. 몇몇 해가 눈에 띄네요.

1. 애국자라는 관념이 18세기 중반부터 갑자기 사람들의 관심을 끌었다는 사실이 흥미롭습니다. 백 년 가까운 시간 동안 인기를 누립니다.

2. 코스모폴리탄의 이념에 19세기 중반부터 서서히 사람들의 이목이 쏠리기 시작합니다. 완만하나마 정점을 찍은 때는 1917년 전후. 애국심을 요구하던 1차 대전이 막바지에 이르러 사람들의 미움을 받고, '노동자에겐 조국이 없다'며 국제연대를 주장하던 사회주의 혁명이 러시아에서 터져나오던 때였습니다. 그러나 혁명으로 정권을 잡은 러시아 정부는 얼마 지나지 않아 애국심에 기대기 시작했고, 코스모폴리탄 개념의 상승세도 꺾이고 맙니다.

3. 애국자라는 말에 대한 관심이 무서운 속도로 빠지고, 코스모폴리탄이라는 말도 더는 인기를 모으지 못하게 되었을 때 치고 올라간 단어가 국가주의자 또는 민족주의자입니다. 한국에서는 두 말이 어감의 차이가 있기 때문에 내셔널리스트라고 일단 부르겠습니다. 가파른 상승세를 보이던 내셔널리스트가 코스모폴리탄을 추월한 때는 공교롭게도 1930년 전후. '듣보잡 정당'이던 나치당이 독일 의회선거에서 무섭게

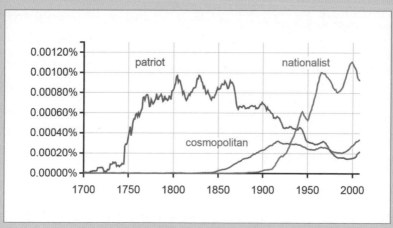

성장한 해였죠. 내셔널리스트라는 말이 애국자까지 제친 때가 1937년 전후. 나치 독일과 추축국이 전성기를 누리던 무렵이었습니다. 내셔널리스트라는 말은 그 후로도 가파르게 관심을 모으다가 1944년 나치 패망과 함께 잠시 수그러집니다.

4. 사라지는 것처럼 보였던 내셔널리스트라는 단어는 1950년부터 다시 가파른 상승세를 탑니다. 2차 대전이 끝난 후 새로 태어나는 독립국들이 내셔널리스트들의 활약을 필요로 했으니까요. 1960년대 말 베트남 전쟁을 겪으며 주춤했다가 미국에 공화당 정권이 들어섰던 1980년대 이후로 다시 관심을 끌고 있습니다. 21세기에 더욱 화제를 모으는 단어가 될지도 모르겠습니다.

5. 한편 애국자라는 단어는 내셔널리스트에 자리를 내준 후 고전을 면치

못합니다. 1960년대 후반 베트남 전쟁을 겪으며 가파르게 사람들의 관심 밖으로 밀려나게 되었습니다. 코스모폴리탄이라는 단어는 큰 변화 없이 명맥을 이어가는 것처럼 보입니다. 인터넷 시대를 맞아 앞으로 어찌 될지요.

가장 자료가 많은 영어권 책으로 알아본 결과입니다. 다른 언어권에서는 각 나라의 역사에 따라 조금씩 다른 결과가 나오기도 합니다. 한국어 문헌에서는 어떤 결과가 나올지도 궁금하네요.

고달픈 파리 생활
지식인의 먹고살 걱정
영국에서 환영받으며
다시 열린 고생문
『격언집』의 탄생

06

▶

고달픈 파리 생활

에라스뮈스는 답답한 청년 시절을 보냈습니다. 마음껏 공부를 하기 위해 대학을 가고 싶었지만 고향의 수도원 학교에서 젊은 시절을 보내야 했지요. 에라스뮈스의 전기를 쓴 슈테판 츠바이크는 당시 교육계에 만연한 체벌 문제를 지적했어요. "당시의 수도원 교육은 육체적인 체벌도 마다 않았는데… 이는 에라스뮈스처럼 예민하고 독립적인 본성을 가진 사람에게는 상당히 거슬리는 일"이었습니다. 에라스뮈스는 영리한 사람이라 벌 받을 일을 요리조리 피해 다녔겠지만, 그 분위기만으로도 숨이 막혔을 겁니다.

나이 스물아홉에 드디어 후원자를 구해 파리 대학을 가게 되었으니 에라스뮈스는 얼마나 기뻤을까요? 하지만 기대는 곧 실망으로 바뀝니다. 배우는 내용이 경직되어 있었거든요. 시설도 형편없었지요. 기숙사에서 상한 음식을 먹고 벼룩에 물어 뜯겨도 불평할 곳이 없었습니다. 신앙심 넘치는 선생님들은 학생들에게 고행을 강요했습니다. 성공한 지식인이 된 다음에도 대학 시절을 회상할 때면 에라스뮈스는 냉소적이 되었다고 하네요. 대학에서도 수도원 학교에서 느끼던 갑갑함에 짓눌린 것 같습니다.

강압적인 학교 분위기말고도 에라스뮈스를 괴롭히는 문제는 또 있었어요. 어쩌면 더 심각한 문제였을지도 모릅니다. 바로 돈 문제였죠. 생활비를 보내 주기로 한 캉브레의 주교가 돈을 제대로 보내 주지 않았던 것입니다. 에라스뮈스는 머나먼 타향에서 돈 문제로 고통을 겪었어요.

| 격언 이야기 |

코를 잡아끌다

소나무 아래 나귀가 보여요. 잡아끌어도 움직이질 않네요. 조선 시대 김시가 그린 〈동자견려도〉를 다시 그렸는데요, 이 제목은 '동자가 나귀를 잡아끄는 그림'이란 뜻이래요. 원래 작품에 있던 동자를, 스페인 화가 고야의 판화집 『로스 카프리초스』를 본떠, 옷 입은 나귀로 바꿔 봤습니다. 나귀가 나귀를 잡아끄는 세상, 이 이야기를 해 볼까요.

에라스뮈스는 '코를 잡아끌다(naribus trahere, 나리부스 트라헤레)'라는 라틴어 격언을 소개했어요. 소에 코뚜레를 꿰는 데서 온 말이래요. "다른 사람의 의지에 따라 선택권 없이 끌려다니는" 상황을 뜻하지요. 한편 '턱을 잡아끌다'는 표현도 있대요. "이는 말에서 온 비유로, 말구종이 고삐를 매려고 말의 아래턱을 잡아당기기" 때문이라네요.

『구약성서』에 '발람과 나귀'라는 이야기가 나오죠.(「민수기」 22장) 발

람이란 양반이 나귀를 몰고 가는데, 나귀가 길바닥에 털썩 주저앉더래요.(천사가 나타나 겁을 줬거든요.) 발람이 거푸 매질을 하자 견디다 못한 나귀가 입을 열어 사람의 말을 뱉었다나요. "내가 무슨 못할 짓을 했다고 이렇게 세 번씩이나 때리십니까?" 얼마나 서러우면 나귀가 말을 다 할까요. 하물며 사람이, 싫은 길을 억지로 가야 한다면!

매질과 강요 없이 대화와 설득으로 세상이 굴러간다면 참 좋을 텐데요. 그나저나 몸이 매질당하는 것보다 더 나쁜 일은 마음이 다치는 일 같아요. 몸은 나아도 마음의 상처는 남으니까요. 그러나 가장 끔찍한 경우는 자기가 맞은 매를 상처가 아니라 당연한 것으로 받아들이는 상황입니다.

시인 하이네는 19세기 당시 독일의 권위주의적인 군사 문화를 딱하게 바라봅니다. "그들은 여전히 뻣뻣한 자세로 / 언젠가 자기들을 두들겨 팬 / 그 막대기를 삼키기라도 한 듯 / 꼿꼿하게 몸을 세워 걸어 다닌다. // 그렇다, 회초리는 결코 사라지지 않았다, / 이젠 마음속에 지니고 다닐 뿐."(《독일 겨울 이야기》의 세 번째 시) '폭력의 내재화'를 이토록 절묘하게 읊은 구절이 또 있을까요. 몸의 폭력이건 마음의 폭력이건, 자기 싫은 일을 강요당하며 끌려다니던 사람이 '강요하는 일은 나쁘니까 나는 남에게 강요하지 말아야지'라고 생각하기는커녕, '강요는 나도 당하던 것이니 나도 나보다 아랫사람에게 강요할 테다'며 악순환에 빠지는 경우를 우리는 자주 봅니다.

고야는 『로스 카프리초스』에 '사회 지도층' 인사들을 나귀의 모습으로 그렸죠. 그로테스크한 판화 속에서, 나귀는 학생을 가르치고(37번 그림),

귀족 놀음을 하며(39번·41번), 의사가 되어 환자를 진찰합니다.(40번) 나중엔 숫제 나귀가 사람을 타고 가지요.(42번) 나귀는 우리를 어디로 데려가려는 걸까요? 설움 당하던 사람들이 출세해 다른 사람을 서럽게 한다면, 이 사회는 또 어디로 갈까요?

김시, 〈동자견려도〉, 16세기 후반(출처: 문화재청)

추상화에서 트랙터까지

라틴어 '나리부스 트라헤레(naribus trahere, 코를 잡아끌다)'에서 나리부스
(naribus, 코를 가지고, 코에 있어서)는 라틴어 나수스(nasus, 코)가 명사 변화한
꼴이고, 트라헤레는 끌어당긴다는 동사 트라호traho의 부정사 형태입니다.
그 과거분사 트락투스(tractus, 끌어당겨진 것)에서 퍼져 나온 어휘들이 많습
니다.

abstract, attract, contract, extract 등 : 알파벳 순서대로 '추상화하다(개념을 뽑
아내다)', '유인하다(마음을 끌어당기다)', '계약하다(함께 뽑아내다)', '추출하다,
발췌하다(밖으로 뽑아내다)'의 뜻입니다. '끌어당긴다'는 뜻의 tract가 공통적
으로 들어가 있습니다. 20세기 미술을 풍미한 추상화는 영어로 abstract
painting이라고 하지요.

밭을 가는 트랙터 : 영어로 tractor라는 말은 19세기부터 '무언가를 잡아당기
는 기구'라는 뜻으로 쓰였다고 하네요. '잡아당기는 힘을 가진 큰 차'라는
뜻으로는 1926년부터 쓰였고요.

07

▶

지식인의 먹고살 걱정

어디에도 소속되지 않은 자유로운 '인디 지식인'으로 살기. 멋있는 이야기입니다. 그런데 그러려면 돈 문제를 해결해야 합니다. 돈을 어디서 구해야 할까요? 중세 시대의 지식인은 후원자의 후원을 받기도 했습니다. 서른 살 전후의 에라스뮈스는 캉브레의 주교로부터 '장학금'을 약속받았지요. 그런데 실제로 보내 준 돈은 생활비로도 빠듯했나 봐요.

친구들에게 보낸 편지에서, 에라스뮈스는 주교를 원망합니다. 그런데 주교도 나름 억울할지 몰라요. 에라스뮈스를 후원할 의무가 있던 것도 아닌 데다가, 자기 딴에는 호의를 품고 에라스뮈스에게 돈을 주기는 줬거든요. 다만 돈을 제대로 주는 방법을 몰랐던 게죠.

돈을 제대로 주는 방법이란 무엇일까요? 어떻게 하면 돈을 쓰고도 욕을 먹지 않을까요? 첫째, 너무 적은 액수를 주는 것은 안 주느니만 못합니다. 둘째, 제때 주어야 합니다. 돈이 늦게 오갈 때, 돈 주기로 한 사람은 몰라도 받기로 한 사람은 하루하루 속이 타들어 가니까요. 이 점에 대해 우리는 곧 살펴볼 것입니다. 그리고 셋째, 너무 생색을 내면 안 됩니다.

간단히 말해, 받는 사람이 모욕감을 느끼지 않게 배려해야 합니다. 인간에 대한 예의를 지켜야 한다는 거죠. 어려운 이야기는 아닌 것 같은데, 돈 주는 사람이 이 사실을 잘 모르는 경우가 많지요. 돈을 제대로 주지 않는 일 역시 '갑질'이라는 것을 모르는 걸까요? 남에게 돈을 받으며 마음 졸여 본 적이 없기 때문일까요?

파리에서 에라스뮈스는 돈에 쪼들렸어요. 크게 앓고 난 다음에는 모자란 생활비를 보충하기 위해 좋은 집안 도련님들을 가르치는 과외 선생이 되었으니, 공부에 몰두하기는 더 힘들어졌죠. 1498년에는 캉브레 주교를 찾아갔다가 오히려 면박을 당하기도 했어요. 삼십 대가 된 가난한 유학생에게 먹고사는 일은 만만치 않았습니다.

| 격언 이야기 |
빨리 주는 사람이 두 번 준다

무녀 시빌은 아홉 권의 예언서를 로마의 폭군 타르퀴니우스에게 팔고자 했대요. 왕이 책값이 너무 비싸다고 거절하자, 시빌은 세 권을 태워버린 다음 나머지 여섯 권에 똑같은 값을 불렀고, 왕이 다시 거절하자, 세 권을 더 태웠습니다. 결국 왕은 나머지 세 권을 똑같은 값에 샀다는군요. 기왕 치를 책값, 조금만 일찍 주었더라면 같은 값으로 두 배 세 배의 정보를 얻을 수 있었을 텐데요.

로마에는 '빨리 주는 사람이 두 번 준다(bis dat qui cito dat, 비스 다트 퀴 키토 다트)'라는 격언이 있습니다. 기왕 주려거든 일찍 주는 것이 낫다는 뜻이죠. 우리 인간은 너무나 많은 것을 넙죽넙죽 받으며 살아갑니다. 그림처럼 조물주 혹은 자연이 우리에게 베풀지 않는다면 우리가 살아남을 수 있을까요? 또 인간들이 서로 주고받지 않는다면 사회가 유지될 수 있을까요? 에라스뮈스는 "친구를 도울 일이 있거든 친구가 도움을 청하기 전에 먼저 도우라"고 충고합니다.

하지만 받을 때는 서두르지만 줄 때는 주저하는 법. 우리는 어리석게도 적기를 놓치곤 합니다. 게임 이론에는 '아이스크림 협상'이라는 협상 모델이 있습니다. 아이스크림을 어떻게 나누어 먹을 것인가 협상을 벌이는 동안, 아이스크림은 계속 녹습니다. 조금이라도 더 받아내려고 실

랑이를 길게 할수록 당사자들이 챙길 수 있는 몫은 줄어듭니다.

빨리 주는 사람이 두 배 주는 것이라면, 나중에 주는 사람은 반만 주는 셈이겠지요. 나중에 내는 사람은 두 배 세 배의 비용을 들여야 겨우 원하는 대로 얻을 수 있습니다. 아니, 몇 배를 치르더라도 얻을 수나 있으면 다행입니다. 적기를 놓쳐 돌이킬 수 없는 결과를 맞이하기도 하니까요.

학철부어(涸轍鮒魚). 수레바퀴 자국에 고인 물속 붕어라는 뜻입니다. 바퀴 자국에 물이 있어 봤자 얼마나 있겠어요? 장자는 친구에게 돈을 빌리러 가서 다음과 같은 이야기를 들려주었답니다. 수레바퀴 웅덩이의 붕어가 지나가는 사람에게 도움을 요청했답니다. 그 사람은 "사흘만 기다려라, 오나라와 월나라 지방의 큰 강물을 여기로 터 주겠다"라고 말했다나요.

하지만 사흘 후면 아무리 많은 물도 소용없습니다. 녹아 버린 아이스크림 앞에서 한탄해도 소용없듯이. 일단 돌아선 사람의 마음은 돌이키기 힘든 법이지요.

로마의 마지막 왕 타르퀴니우스의 운명은 불타 버린 여섯 권의 예언서 안에 적혀 있었나 봅니다. 폭군은 한 치 앞을 내다보지 못하고 어리석은 짓을 되풀이하다가 로마 시민들에게 추방당하고 말았으니까요. 그가 책값을 빨리 치렀더라면 그런 운명을 피할 수 있었을까요?

미켈란젤로, 시스티나 예배당 벽화 중 '아담의 창조' 부분, 1512년경

자전거와 데이터

라틴어 격언 '비스 다트 퀴 키토 다트bis dat qui cito dat'에서, 비스bis는 '두 번', 키토cito는 '재빨리', '곧'이라는 뜻입니다. 퀴qui는 관계대명사이고 다트dat는 '준다'는 뜻의 도do가 동사 변화한 꼴이고요.

bicycle, biceps : 라틴어 비스(bis, 둘)의 손주뻘 되는 어휘들이 많습니다. 앞서 살펴본 이탈리아어 비엔날레나 영어 단어 biannual도 한가족으로, '두 해마다'라는 뜻. bicycle은 '두(bi-) 바퀴', 즉 '자전거'. biceps는 '두 머리', 즉 '이두박근'.

영어 단어 data : 우리가 자주 쓰는 '데이터data'라는 말도 라틴어에서 왔어요. 도(do, 주다)의 과거분사가 다투스datus, 그 중성복수 형태가 다타data. 그대로 영어식으로 읽으면 '주어진 것', 즉 자료라는 뜻이 되지요. 옛날에 번역된 철학책을 보면 '감각소여'라는 어려운 말이 나오는데, 이때 '소여'가 한자로 '주어진 바', 즉 라틴어 data의 번역입니다. '감각소여'라는 말은 우리 감각 기관에 주어진 데이터라는 뜻. 영어 단어 data가 복수 명사라는 사실은 알고 계셨나요? 단수형은 datum. 라틴어 중성 단수 다툼datum을 그대로 가져다 썼지요.

돈을 제때 받지 못한 직장인들

'빨리 주는 것이 두 번 주는 것'이라는 말을 뒤집어 보면 '늦게 받는 것은 반도 못 받는 것'이 될 터. 요즘 우리 사회는 어떨까요? 한국 사회의 임금 체불 문제에 대한, 눈길을 끄는 통계가 있습니다.

1. 임금 체불 접수 건수에 대한 통계 : 투명 사회를 위한 정보공개센터라는 단체에서 2010년부터 2014년까지 체불 임금 현황 자료를 고용노동부에 요청하였습니다. 임금 체불 접수 건수는 2010년 18만 6373건, 2013년에 약간 주춤했다가 2014년에 19만 5783건으로 치솟았습니다. 전체 체불 금액은 2011년에는 1조 874억 1600만 원이었는데 2014년에는 1조 3194억 7900만 원으로 껑충 뛰었고요. 2014년 한 해 동안 돈을 못 받은 노동자 수는 29만 2558명.
2017년의 통계도 찾아봤어요. 임금 체불을 당한 노동자는 32만 5430명, 체불 금액은 1조 4286억 원으로 심해지는 추세네요.

   (출처: "임금 체불로 멍드는 노동자, 매년 27만 명!"-투명사회를 위한 정보공개센터,
   http://www.opengirok.or.kr/4092)

2. 근로 감독 사건까지 포함한 통계 : 고용노동부에 접수된 사건 말고도 임금 체불 사례가 더 있겠죠? 참여연대는 2014년부터 2016년까지 임금 체불에 대한 또 다른 자료를 내놓았습니다. 신고 사건 관련 통계에 근로 감독 결과까지 포함하면 숫자는 더 늘어납니다. 참여연대가 2017년에 발표한 계산에 따르면 해마다 40~50만 명의 노동자가 임금 체불 피해를 겪고 있다는군요.

   (출처: "참여연대, 「임금체불 보고서 : 근로감독·신고사건 분석과 체불 근절을 위한 제안」 발표",
   http://www.peoplepower21.org/Labor/1525970)

3. 임금이 체불된 사람들이 받은 고통 : 2017년 말 사람인에서 직장인 908명을 대상으로 임금 체불 경험을 설문 조사한 결과 또한 눈길을 끕니다. 55.4%의 직장인이 체불 경험이 있다고 응답했고, 평균 체불 기간은 3개월, 평균 금액은 654만 원이었다고 합니다.

돈을 제때 받지 못한 사람들은 어떤 고통에 시달렸을까요? 첫째는 '극심한 스트레스'(62.4%, 복수응답), 둘째는 '생계의 위협'(51.9%), 셋째는 '카드 대금이나 이자의 연체'(49.3%). 빚을 지게 된 사람들도 있었어요. '주위에 돈을 빌렸다'(28.6%), '저축 및 적금을 해약했다'(24.5%), '현금 서비스, 대출 등을 받았다'(23.7%), '마이너스 통장 개설했다'(6.4%) 등의 응답이 이어졌습니다.

(출처: "직장인 55%, 임금 체불 경험 있어!",
http://www.saramin.co.kr/zf_user/help/live/view?idx=66865&listType=news)

영국에서 환영받으며

파리 시절 에라스뮈스에게 나쁜 일만 있던 것은 아닙니다. 파리에서 활약하던 '새로운 지식인들'과 친구가 되었거든요. 그리스와 로마의 고전을 읽고 연구하던 이들을, 세상은 '인문주의자(휴머니스트)'라고 불렀습니다. 르네상스를 이끈 사람들이지요.

15세기 말 파리의 인문주의자 가운데 눈에 띄는 사람은 로베르 가갱. 이 무렵 가갱이 라틴어로 책을 썼는데 출판을 앞두고 몸이 아팠어요. 가갱도 출판사도 책을 묶을 분량을 채우지 못해 발만 동동 굴렀습니다. 그때 에라스뮈스가 나타나 길고 멋진 라틴어 문장으로 추천사를 써서 책을 완성시켰어요. 그러자 파리의 지식인 사회에 "라틴어를 기가 막히게 하는 유학생이 있다"는 소문이 퍼지게 됩니다. 물론 이 일로 큰돈을 벌거나 출세를 하지는 못했어요. 하지만 몇 년 후 다른 기회로 이어지지요.

에라스뮈스는 여전히 돈이 없었지만 이탈리아에 가고 싶어 했어요. 당시 이탈리아는 유럽 문화의 중심지였거든요. 그러나 그는 여비를 마련할 처지가 아니었지요. 대신 젊은 귀족 마운트조이가 잉글랜드에 가자고 권합니다. 1499년 잉글랜드에 간 에라스뮈스는 자기 이름이 소소하게나마 알려져 있다는 사실에 놀랐지요. 로베르 가갱의 책을 읽은 바다 건너 잉글랜드의 지식인들이 에라스뮈스가 쓴 라틴어 추천사를 눈여겨보고 그의 이름을 기억해 두었던 것이었어요.

잉글랜드의 지식인 토머스 모어는 에라스뮈스를 영국의 헨리 왕자에게도 소개해 줍니다. 나중에 유명한 헨리 8세가 되는 인물이죠. 존 콜렛은 에라스뮈스에게 옥스퍼드에서 신학을 가르치지 않겠냐고 제안했어요. 아직 공부가 부족하다며 에라스뮈스 스스로가 거절했지만요. 바다 건너에서 똑똑한 사람이 왔다는 소문을 들은 귀족들도 에라스뮈스에게 잘해 주었습니다.

공부를 많이 한 사람들 사이에서 에라스뮈스는 인기였습니다. 말을 할 때도 글을 쓸 때도 고전을 줄줄 인용하며 막힘이 없이 논지를 전개했거든요. 평소에 라틴어로 된 책을 많이 읽어 두었기 때문이죠. 에라스뮈스는 억지로 이를 악물고 공부하는 사람이 아니었습니다. 자기 스스로 공부를 즐겼기 때문에 이런 솜씨를 쌓을 수 있었어요. 요즘 말로 하면 '성공한 공부 덕후'겠네요. 훗날 『격언집』에서 '끊임없는 물방울이 바위를 뚫는다'는 격언을 설명하면서, 에라스뮈스는 노력뿐 아니라 즐기는 마음 역시 중요하다는 구절을 덧붙입니다.

에라스뮈스는 잉글랜드에서 행복했습니다. 영국을 떠나며 무지막지한 봉변을 당하던 그날까지 말이죠.

끊임없는 물방울이 바위를 뚫는다

약한 물방울이 바위를 뚫습니다. 여린 풀뿌리가 돌을 파고들어 쪼갭니다. 작은 촛불이 어둠을 몰아냅니다. 가녀린 것이 굳센 것을 이기는 현상. 이 역설에 대해 예부터 동양도 서양도 관심이 많았답니다. 그런데 강조하는 지점은 약간씩 다르네요.

중국의 노자는 유약함이 굳건함을 이기는 원인을, 가녀린 성질 자체에서 찾았습니다. 여리고 부드럽고 변화무쌍한 것을 생명의 원리로 보았으니까요. 『도덕경』에 따르면, 살아 있는 사람의 몸과 자라나는 식물의 새싹은 부드럽고 연합니다. 그러나 죽은 몸과 자라지 않는 나무는 굳고 단단하지요. 단단한 나무는 부러질 뿐입니다.(76장) 그래서 세상에서 가장 부드러운 물체인 물이 단단한 바위를 변형시키는 겁니다.(43장과 78장)

한편 서양에서는 약간 다르게 봅니다. 에라스뮈스는 다음과 같은 라틴어 격언을 소개합니다. '끊임없는 물방울이 바위를 뚫는다(assidua stilla saxum excavat, 아시두아 스틸라 삭숨 엑스카바트).' "이 라틴어 격언은 불굴의 의지가 아무리 어려운 일도 가능하게 만든다는 가르침을 담고 있다." 로마의 만물박사 플리니우스는 개미의 잦은 발길에 시나브로 부서진 조약돌을 보고 깊은 인상을 받았다고 하지요.

물이 부드럽기 때문에 바위를 제압하는 걸까요, 아니면 꾸준한 노력 덕분에 바위를 뚫는 걸까요? 내게는 동양과 서양의 두 의견 모두 근사해 보입니다. 오른쪽의 그림은 (조선 시대 강희안이 그렸다고도 하고 아니라

고도 하는) 〈고사관수도〉를 패러디한 겁니다. 동양의 선비와 서양의 에라스뮈스가 함께, 물이 바위를 뚫는 모습을 바라보네요. 여리고 작은 힘이 굳세고 거대한 장애물을 이겨내는 모습은 언제나 감동적이지요.

그런데 에라스뮈스는 여기에 재치 있는 해석을 덧붙였어요. "이 격언은 비단 불굴의 의지에만 적용되는 게 아니다. 재미를 가져다주는 일은 힘들이지 않고 해낼 수 있다는 뜻 또한 담고 있다." 호메로스에 따르면, 그리스 신화에 등장하는 늙은 영웅 네스토르는 아무도 들지 못할 만큼 술이 가득한 잔을 거뜬히 들곤 했대요. 에라스뮈스가 보기에 "네스토르

강희안(추정), 〈고사관수도〉(국립중앙박물관)

는 대단한 애주가"였기 때문에 "끊임없는 연습을 통해" 이런 능력을 얻었다나요. 타고난 사람은 노력하는 사람을 못 당하고 노력하는 사람은 즐기는 사람 못 당한다는 말이 생각나네요. 악을 쓰느라 찌푸린 낯으론 웃음을 띤 즐거운 얼굴만큼 잘할 수 없겠지요.

　베르그송에 따르면, 유연하고 변화무쌍한 생(生)의 원리가 경직된 상황에 부딪쳤을 때 '웃음'이 발생한다고 합니다. 웃음을 통해 우리는 단단하게 굳어 버린 상황을 깨뜨린다는 겁니다. 벌거벗은 임금님의 권위를 무너뜨린 것은 철부지 소년의 웃음소리였지요. 그래서일까요? 기득권을 가진 높고 힘센 사람들이 작고 여린 시민의 웃음을 두려워하는 까닭은.

독한 술에서 사상의 주입까지

라틴어 격언 'assidua stilla saxum excavat(아시두아 스틸라 삭숨 엑스카바트)'
에서 스틸라^{stilla}는 '물방울'이라는 뜻입니다. 물이 한 방울 한 방울 떨어지
는 모양에서 다음과 같은 어휘들이 나왔습니다.

distill, distilled : '따로따로(라틴어 dis-)'와 '방울^{stilla}'이 합한 말. 물이나 알코올
을 가열하면 기체가 되었다가 그릇 천장에 맺혀 따로따로 방울져 떨어지
게 됩니다. 이 과정을 '증류'라고 하죠. '증류하다'는 동사가 영어로 distill,
과거분사 distilled는 '증류된'이라고 번역됩니다.

그래서 distilled water는 '증류수', distilled liquor 또는 distilled spirits는 독
한 맛이 나는 '증류주'. 한국 술 소주를 Korean distilled liquor라고 풀어쓰
는 경우도 있던데, 글쎄요, 그냥 대문자로 'Soju'라고 써도 충분할 것 같네
요. 어차피 소주까지 찾아 마실 외국인이면 알아듣지 않을까요.

instill, instillation, instillations : 동사 instill은 '안으로 방울방울 스며들게 하다',
즉 어떤 사상을 '한 방울씩 주입시키다'라는 뜻. instillation은 그 명사 꼴.
복수형 instillations는? 눈에 넣는 '점안제'라고 하네요. '한 방울씩' 눈 '안에'
집어넣으니까요.

09
▶

다시 열린 고생문

잉글랜드에서 모처럼 즐거운 시간을 보낸 에라스뮈스. 인문주의자들 사이에서 인정을 받았고, 나중에 후원자가 되어 줄지도 모를 좋은 집안 사람들과 안면을 텄습니다. 에라스뮈스는 희망을 품었을지도 몰라요. 돈 걱정에서 풀려나 하고 싶은 공부를 마음껏 하고 사는 인디 지식인이 될 수 있다는 희망이요.

그런데 그의 꿈이 꺾이는 사건이 터집니다. 다름 아닌 잉글랜드에서요. 1500년 1월, 잉글랜드를 떠나려던 에라스뮈스는 세관에서 황당한 요구를 받습니다. 그가 가진 전 재산을 내놓고 가라는 것이었지요. 중세 시대에 잉글랜드는 바다를 건너가는 사람이 금과 은을 가져가는 일을 법으로 금지했대요. 해외로 재산을 빼돌리는 것을 막기 위한 법령이었지요. 에라스뮈스는 이 법에 걸렸어요.

에라스뮈스는 늘 돈에 쪼들리면서도 저축을 했어요. 수입이 일정치 않았기 때문이지요. 그렇게 모은 비상금 20파운드를 잉글랜드에 오면서도 가지고 왔습니다. 그런데 잉글랜드에서 나가려고 하자 세관에서 그가 가진 금화와 은화를 문제 삼은 것이지요.

결국 에라스뮈스는 가지고 있던 돈을 몰수당했어요. 그가 받은 충격은 컸습니다. 떠나기 전에 혹시 세관에서 문제가 생기지 않을까 확인도 해 두었거든요. 잉글랜드의 높은 사람들이 다른 나라에서 나온 금화는 괜찮을 거라고 말해 주어 에라스뮈스는 안심하던 참이었죠. 에라스뮈스의 손에는 동전 여섯 닢만이 남았고, 그동안 힘겹게 모은 재산은 모두 빼앗겼습니다. 게다가 당시는 치안이 좋지 않던 시대. 에라스뮈스는 바다를 건넌 후 칼레 항구에서 파리까지 가는 동안 강도를 만나면 어떻게 하나 걱정이었습니다. 그들에게 줄 돈이 없다면 목숨을 빼앗길 수도 있었으니까요.

잉글랜드 세관의 관리는 무슨 생각이었을까요? 지나치게 고지식해서 무리하게 법을 집행했던 것일까요, 힘없어 보이는 외국인을 골탕 먹이려는 속셈이었을까요? 『격언집』에 소개된 '죽은 자에게서 이문을 챙기다'는 격언을 읽으며, 이때 에라스뮈스가 느꼈을 억울한 심정을 헤아려 봅니다.

| 격언 이야기 |
죽은 자에게서 이문을 챙기다

'죽은 자에게 세금을 물리다(a mortuo tributum exigere, 아 모르투오 트리부툼 엑시게레)'라는 라틴어 격언이 있습니다. 죽은 자에게서까지 돈을 받아 내다니, 참 지독하지요. 혹시 이 말은 부자들에게 이른바 '세금 폭

탄'을 물리는 정부를 비난하는 말일까요?

에라스뮈스에 따르면 그렇지 않습니다. 보통 '세금'은 정부가 거두는 돈을 뜻하지만, 고전에 정통한 에라스뮈스는 이 격언을 훨씬 넓은 뜻으로 이해했습니다. '죽은 자에게서 이문을 챙긴다'고 말이죠. 조금 골치 아픈 이야기지만, 그는 '조세(그리스어로 phoros, 포로스)'와 '이자·이윤(라틴어 fenus, 페누스)'이 한 뿌리에서 나온 말이라고 생각했거든요. 그래서 그가 보기에 첫째 이자놀이에 빠진 대금업자, 둘째 상권을 독점하는 장사꾼, 셋째 특권 계층인 귀족 제후, 그리고 끝으로 부패한 성직자, 이 네 가지 집단이야말로 "죽은 자에게서조차 세금을 뜯을" 정도로 "창피한 줄 모르고 제 이득만 취하는" 사람들이라는군요. 그는 "소유에 대한 욕구가 팽배하여" 닥치는 대로 이익을 추구하는 르네상스 시대의 현실을 개탄합니다.

물론 이익을 추구하는 게 잘못된 일이 아니지요. 그러나 과연 개인의 이기심과 공공의 이익을 조화시켜 준다는 '보이지 않는 손'은 늘 제대로 기능하는 걸까요?

에라스뮈스의 조국 네덜란드는 17세기에 눈부시게 발전합니다. 넘치는 돈이 미술계로 흘러들어가 화가 렘브란트는 큰돈을 벌었다고 합니다.(이 그림의 원형이 된 〈튈프 박사의 해부학 강의〉도 이때 그린 집단 초상화지요.) 그러나 다른 한편으로 막대한 자금이 투기 시장에 몰리는 바람에 네덜란드의 경기가 출렁이게 됩니다. 그때마다 평범한 시민들은 집을 저당 잡혀 가며 투기 시장에 뛰어들었고, 파산을 겪었지요. 수입이 끊긴 렘브란트 역시 서서히 몰락하여 비참한 가난 속에서 숨겼습니다.

그런데 공황을 겪으며 모두가 손해만 보는 건 아닙니다. 돈이 급한 이는 가진 것을 내다 팔고 여윳돈이 있는 이는 헐값에 사 모읍니다. 부자는 부유해지고 가난한 사람은 더 가난해집니다. 이것이야말로 '죽은 자에게서 이문을 챙기는' 무시무시한 광경이지요. 옛날에 에라스뮈스는 말했습니다. "결국 제후들은 이에 상응하는 증오를 얻게 되리라." 지금의 이 깊은 절망과 설움 속에서 행여 증오가 싹틀까 봐 두렵습니다.

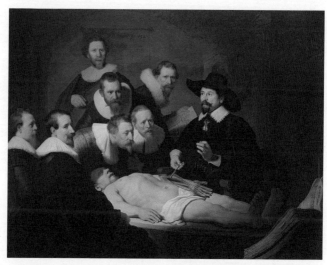

렘브란트, 〈튈프 박사의 해부학 강의〉, 1632년(마우리츠하위스 미술관, 헤이그)

죽은 자에게 담보를 물리다?

라틴어 모르투오(mortuo, 죽은 자에게 또는 죽은 자로부터)는 모르투우스mortuus
가 변화한 꼴, 모르투우스는 모리오르(morior, 죽다)라는 라틴어 동사의 분사
형태. 죽는다는 뜻을 가진 이 라틴어 단어의 다양한 변화를 외우다 보면 죽
을 것같이 힘들어요. 일단 지금은 '모르투우스'의 손주뻘 되는 어휘들을 알
아보죠.

프랑스어 mort : '죽음'. 여성 명사라서 정관사 라la와 함께 쓰입니다. 프랑스
말로 '라 모르(la mort, 죽음)'와 '라무르(l'amour, 사랑)'와 '라 메르(la mer, 바다)'
는 소리가 비슷합니다. 그래서 종종 말장난에 쓰이기도 합니다. 시적인 표
현으로 쓰이기도 하고요.

스페인어 muerto, muerta, muerte : 형용사 muerto는 남성형, muerta는 여성형.
muerto는 남성 명사로 '죽은 사람'. muerte는 여성 명사로 '죽음'.
디아 데 무에르토스Dia de Muertos는 '죽은 자들의 날'이라는 뜻으로, 10월 31
일부터 11월 2일까지 이어지는 멕시코의 전통 행사를 가리킵니다.
산타 무에르테Santa Muerte는 '성 죽음'이라는 뜻으로, 멕시코 일부 사람들이
섬기는, 여신으로서의 죽음을 말합니다. 긴 옷을 입은 해골의 모습으로 나
타나지요. 산타 무에르테 신앙을 가진 사람들이 최근 여러 범죄와 관계를
맺으며 사회 문제가 된다고 하네요.

mortal : 게임 〈모털 컴뱃〉으로 친숙한 단어 mortal도 같은 뿌리를 가진 어
휘입니다.

mortgage : '담보대출'을 뜻하는 모기지mortgage라는 말에 왜 '죽음'이라는 단
어가 들어갔을까요? "대출은 꼭 갚아야 하는 죽음의 서약"이라느니 "주택
담보대출은 큰돈이므로 죽을 때까지 갚아야 한다"느니 따위 속설은 재미

는 있지만 근거는 없어요.

영국의 18세기 법률 서적에 따르면 "돈을 빌린 사람이 갚지 못하면 (담보로 잡힌) 땅은 그로부터 떠나게 되고 그래서 죽은 상태가 된다. 한편 그가 돈을 갚으면 담보물은 가지고 있던 사람 쪽에 죽은 상태가 된다"고 합니다. 즉, 빌린 돈을 갚건 갚지 못하건 담보물은 어느 한쪽에는 죽은 상태가 되기 때문에 "죽은 서약"이라 불리게 되었다고 하네요.

2007년에 시작되어 이듬해 세계 금융 시장을 출렁이게 만든 미국의 서브프라임 모기지 사태는 바로 이러한 저당권(모기지)에 연결된 금융 상품이 투기 대상이 되면서 일어난 일입니다. 21세기가 되어서도 가난한 사람은 더 가난해지고 어떤 부자는 더 부유해지더라는, 그렇고 그런 이야기이지요.

10

▶

『격언집』의 탄생

영국을 떠나기 전날만 해도, 인디 지식인의 꿈을 이루는 일이 멀지 않아 보였을 겁니다. 그러나 이제 있던 재산까지 털리고 말았지요. 낙심한 채 파리로 돌아와 다시 부잣집 도련님들의 과외 선생이 되어 하루하루 먹고살 일을 걱정합니다.

에라스뮈스는 어려서부터 억울한 일을 많이 당했어요. 혼외 자식으로 태어났다고 불이익을 당했고, 공부하고 글 쓰는 재주는 있지만 재주를 펴도록 도와주는 사람이 없었죠. 착하게 살면 복을 받고 악하게 살면 벌을 받는다는 순진한 말을, 그는 믿을 수 없었습니다.

이때 파리 사람들이 에라스뮈스를 부추겼어요. 잉글랜드와 잉글랜드의 높은 사람들을 비난하는 책을 써서 출판하자고 했죠. 에라스뮈스의 글솜씨로 잉글랜드의 낯을 깎자는 계획이었습니다. 프랑스와 잉글랜드는 옛날부터 앙숙이었으니까요.

그러나 에라스뮈스는 꾹 참았어요. 책을 쓴다면 당장 몇 푼 돈을 만질 수는 있겠지만 영국에 있는 자기 친구들이 난처해질 테고, 길게 보면 자기도 손해니까요. 대신 지금까지 자기가 공부한 그리스와 로마의 고전을 쉽게 풀이하는 책을 씁니다. 1500년에 에라스뮈스는 전 재산을 빼앗겼지만, 출세작『격언집』의 초판을 냅니다. 이 책은 증보를 거듭하면서 훗날 그에게 크나큰 성공을 안겼지요.

| 격언 이야기 |
사악한 자는 쥐에게라도 깨물릴 것

부정과 불의를 일삼는 이가 승승장구하는 꼴을 보면서 우리는 생각합니다. 저들이 지금 큰소리칠지언정 나중에는 벌을 받게 되리라고요. 우리네 속담처럼, 콩 심은 데 콩 나고 팥 심은 데 팥 나는 법이니까요. 현실이 꼭 그렇지는 않다는 걸 너무 잘 알면서도, 우리는 세상의 올바른 법도가 실현되리라고 믿고 싶어 합니다. 에라스뮈스는 '사악한 자는 쥐에게라도 깨물릴 것(virum improbum vel mus mordeat, 비룸 임프로붐 벨 무스 모르데아트)'이라는 라틴어 격언을 소개합니다. '나쁜 녀석은 벌을 피할 수 없고 어떻게든 합당한 대가를 치르게 되리라'는 뜻이래요.

그런데 에라스뮈스는 평소와는 달리, 자기가 소개한 이 격언에 자기가 딴죽을 걸었어요. 격언을 뒤집어 보니 차라리 현실과 맞더라나요. "선량한 사람은 하찮은 쥐한테도 물어뜯기지만, 사악한 사람 앞에서는 용들도 감히 이빨을 드러내지 못한다. 언제나 착한 사람만 당하게 마련이니까."

에라스뮈스의 주변에도 이런 부당한 일을 당한 사람이 있었대요. 내

로라하던 어떤 부자 양반이 중병에 걸렸답니다. 에라스뮈스의 친구인 젊은 의사가 병이 옮을 위험을 무릅쓰고 헌신적으로 치료했어요. 그런데 '산더미 같은 황금'을 주겠다던 부자 양반은 병이 낫자 태도가 바뀌더래요. 온갖 핑계로 치료비를 안 주더니 나중에는 사소한 호칭 문제로 꼬투리를 잡더랍니다. "라틴어로 나를 부르며 높임말을 쓰지 않다니!" 그는 짐짓 성을 내며 의사를 쫓아냈대요. "나는 이 이야기를 듣고 웃었다. 씁쓸한 웃음이었다."

주위를 둘러보세요. 예나 지금이나 모질고 독한 사람이 쉽게 성공하지 않나요? 노동의 정당한 대가를 요구하는 선량한 사람들은 사소한 꼬투리를 잡혀 핍박받기 일쑤고요. 옛날 중국에서 가장 어질고 행실 바른 사람은 백이와 숙제였답니다. 가장 무도한 악한은 죄 없는 사람을 죽여 살을 뜯어먹었다던 도척이란 녀석이었고요. 그래서 어떻게 됐을까요? 백이와 숙제는 절개를 지키다가 굶어 죽고, 도척은 내키는 대로 살며 천수를 누렸대요. 한나라 때의 역사가 사마천은 이러한 현실 앞에서 울부짖었어요. "하늘이 착한 사람에게 보상해 준다면 어찌 이럴 수가 있는가? 만약 이러한 것이 천도(하늘의 도리)라 한다면, 천도는 과연 맞는 것인가, 틀린 것인가?" (『사기』, 「백이열전」)

왜 이런 일이 일어날까요? 에라스뮈스에 따르면 착한 사람이 만만해 보이기 때문이래요. "선량한 사람들을 공격하는 일에는 위험 부담이 없어 보인다. 그들은 앙갚음하지 않을 테니까." 그래서 하찮은 쥐조차 물어뜯겠다고 달려든다는 거죠. 그렇다고 나쁘게 살 수도 없는 노릇. 서럽고 답답한 일입니다.

조르주 쇠라, 〈그랑드자트 섬의 일요일 오후〉, 1884~1886년

쥐와 근육

라틴어 무스(mus)는 '쥐'라는 뜻. 그리스어 뮈스(μῦς, mys, '쥐')의 조카뻘인 단어죠.

mouse : '쥐'를 뜻하는 mouse가 라틴어 mus의 후손임은 어렵지 않게 짐작할 수 있어요. 독일어 maus(마우스)도 마찬가지. 그런데 엉뚱한 말과 사촌뻘이라고 합니다.

muscle : '근육'. 그러고 보니 라틴어 mus가 들어있네요. 어째서 '쥐'가 '근육'이 되었을까요. "알통이 쥐처럼 생겼기 때문"라고 추측한대요. 정말 닮았나요? 옛날 사람들 감각은 알다가도 모르겠습니다. 형용사 형태는 muscular.

musk : '사향'. 향수나 한약을 만들 때 쓰는 사향도 어원을 따지면 쥐와 사촌뻘. 어째서일까요? 사향은 사향노루 수컷의 생식기 옆 사향낭이라는 곳에서 추출합니다. 민망한 이야기지만 "노루의 고환이 쥐처럼 생겼기 때문"에 이런 이름이 붙었을 거라나요. 옛날 사람들은 대체 무슨 생각을 하고 살았던 걸까요.

그리스어와 라틴어를 알면 어려운 단어도 뜻을 짐작할 수 있습니다. 이를테면 fibromyalgia. 복잡해 보이지만 세 부분으로 나뉩니다. 앞은 라틴어 fibra(피브라, '섬유'), 영어로는 fiber. 가운데는 그리스어 mys, '쥐' 또는 '근육'. 뒤는 그리스어 algos(알고스, '고통'). 세 부분을 합치면 '섬유근육통'.(어때요, 참 쉽죠?)

끝나지 않은 고난 **03**장

『격언집』은 어떤 책인가
책으로 세상을 바꿀 수 있을까
먹고살기에 아직 부족한
죽음이 두려워 달아나다
새로운 공부에 도전

11

『격언집』은 어떤 책인가

　힘들게 모은 돈을 모두 빼앗긴 1500년, 에라스뮈스는 『격언집』 초판을 출판했어요. 이 책은 수십 년 동안 증보판을 계속 찍으며, 에라스뮈스에게 저술가로서의 성공을 가져다줍니다. 유럽 최초의 베스트셀러 가운데 하나로 불리는 책이기도 하지요.

　기억해 둘 만한 라틴어 격언을 가려 뽑고 "이 말이 어떤 책에서 나왔는데 그 책 내용은 이렇다"는 내용까지 친절하게 정리한 책이 『격언집』입니다. 고전 지식을 쌓고 싶은 사람이 솔깃할 내용이죠. 라틴어로 글을 쓸 때 당장 인용할 말을 알려 주었을 뿐 아니라, 이 책만 읽어도 고대 로마와 초기 그리스도교 시대의 문헌을 두루 접할 수 있었지요. (나중에 엄청난 양의 고대 그리스의 문헌이 추가되었습니다.) 에라스뮈스가 살던 시대와 그 이후 몇 세대 동안 사람들은 이 책을 곁에 두고 필요할 때마다 펼쳐 보았답니다.

　에라스뮈스는 어떻게 이런 책을 썼을까요? 당시 사람들이 공부하던 신학 말고도 역사와 철학과 문학 등 다양한 주제의 고전을 두루 섭렵했기 때문이지요. 에라스뮈스는 다양한 관심을 가진 다재다능한 지식인이었습니다.

다방면에 관심 많기로 에라스뮈스 못지않은, 20세기의 지식인 이사야 벌린은 에라스뮈스를 "재주 많은 여우 스타일"이라고 평가했어요. 사람을 '고슴도치' 또는 '여우'로 나누는 서양의 전통적인 분류법에 따른 것입니다. 고슴도치는 궁지에 몰리면 몸을 동그랗게 마는 재주 하나밖에 없습니다. 그런데 잡아먹히지 않고 살아남으려면 그 한 가지로 충분하지요. 여우는 여러 가지 재주가 많습니다. 그래도 종종 잡아먹히는 일이 생기고요. 여러 분야를 두루 공부한 에라스뮈스는 (그리고 이사야 벌린 스스로도 역시) 고슴도치보다는 여우에 가깝다는 이야기입니다. 그럴듯하죠?

그런데 흥미로운 점은 '고슴도치와 여우'라는 말 역시 에라스뮈스가 『격언집』에 소개해 유명해진 격언이라는 사실. 아이러니하죠. "어떤 사람은 고슴도치 스타일이고 어떤 사람은 여우 스타일"이라는 고대 로마 사람들의 지혜는 시간이 흐르며 잊힐 뻔했어요. 그런데 에라스뮈스가 이 말을 되살려 냈고 『격언집』이 널리 읽혔기 때문에 오늘날 우리들도 "에라스뮈스와 이사야 벌린은 여우와 같은 지식인"이라는 말을 쓰게 되었습니다. 『격언집』의 영향력은 알게 모르게 계속되고 있어요.

여우는 많은 것을 알지만 고슴도치는 큰 것 하나를 안다

'여우는 많은 것을 알지만 고슴도치는 큰 것 하나를 안다(multa novit vulpes, verum echinus unum magnum, 물타 노비트 불페스, 베룸 에키누스 우눔 마그눔)'는 라틴어 격언이 있습니다. 에라스뮈스의 『격언집』에는 이렇게 되어 있어요. "여우는 다양하고 기상천외한 방법으로 사냥꾼을 속이지만 마침내 붙잡히곤 한다. 하지만 고슴도치는 오로지 한 가지 방법만으로 사냥개의 이빨을 피한다. 몸을 둘둘 말고 가시바늘을 세우면, 누가 고슴도치를 잡을 수 있겠는가?" 효율성을 놓고 보면, 고슴도치의 판정승 같네요. "온갖 일에 참견하는 사람에 비해 한 가지 일에 집중하는 사람이 훨씬 더 많은 것을 성취"한다고 에라스뮈스는 덧붙입니다. 다방면에 관심이 많던 에라스뮈스 자신의 인생에 대해 '나는 왜 이렇게 여우처럼 살았을까, 고슴도치처럼 살지 못하고'라며 한탄하는 듯 보여 눈길을 끕니다.

하지만 "많은 것을 성취"해야만 의미 있는 삶은 아니잖아요. 소설가 스티븐 킹은 『유혹하는 글쓰기』에서 자기 이야기를 들려줍니다. 젊었을 때는 소설을 쓰는 것만이 인생의 목표였는데, 그렇게 살다 보니 자신도 힘들고 주위 사람도 힘들더랍니다. 결국 방 한가운데를 점령했던 책상을 한쪽 벽으로 몰아 놓고, 삶의 다양한 모습을 즐기기로 했대요. 소설 하나만 알던 고슴도치의 삶을, 여러 일에 두루 마음 쓰는 여우처럼 바꾸었다는 거죠.

장 오귀스트 도미니크 앵그르, 〈스핑크스와 오이디푸스〉,
1808, 1827년(루브르 박물관, 파리)

이사야 벌린은 『고슴도치와 여우』에서 고슴도치형 인간과 여우형 인
간을 구분합니다. 고슴도치는 변치 않는 '하나의' 원리가 있다고 믿고
이를 향해 외곬으로 나아가는 사람. 여우는 세상의 다채로운 모습에 빠
져 오지랖 넓게 여기저기 기웃거리는 사람. 벌린에 따르면, 플라톤·헤
겔·도스토옙스키는 고슴도치고, 헤로도토스·에라스뮈스는 여우래요.
좀 어렵긴 하지만, 그럴싸하지 않나요?

다채로움이라는 축복을 즐기지만 집중력을 잃기 쉬운 여우, 효율적이지만 외곬으로 빠지기 쉬운 고슴도치. 이사야 벌린이 쓴 『고슴도치와 여우』는 사실 톨스토이에 대한 에세이입니다. 벌린이 보기에, 톨스토이는 어느 한쪽으로 딱 떨어지지 않는다나요. 굳이 말하자면, 스스로 고슴도치라 믿는 여우. 이 괴리 때문에 톨스토이는 불행했어요. 에세이의 끝에서 그는 "콜로누스에서 떠돌던 앞 못 보는 노인"으로 불립니다. 신화 속 오이디푸스에 비유한 것이겠지요. 정작 자기가 누구인지도 모른 채 스스로를 허물어뜨렸지만, 스핑크스에 맞서 수수께끼를 풀고 인간들을 구해 낸, 비운의 영웅 오이디푸스. 이 또한 삶의 한 가지 선택이 될 수 있겠네요.(프랑스 화가 앵그르가 그린 〈스핑크스와 오이디푸스〉를 본떠 그렸습니다.)

사실 '고슴도치와 여우'는 여러 가지로 해석할 수 있습니다. 이사야 벌린 스스로도 "학자마다 해석이 다를 정도로 모호한 말"이라고 인정했고요. 그러나 아무튼 삼성그룹 ㅇ회장님이 옛날에 어디서 했다는 "방어형의 고슴도치 경영과 공격형의 여우 경영이 적절히 조화되어야 기업이 성장할 수 있다"는 말이 잘못된 해석이라는 건 알겠네요. 회장님께 잘 보이고 싶은 양반들이 그 말을 열심히 떠들고 다니긴 했지만 말입니다.

| 어원 풀이 |
'일각수'에서 '멀티플렉스' 영화관까지

이 격언에서 여우가 아는 것은 '여러 가지', 라틴어로 '물타(multa, 많은 것들을)'. 고슴도치가 아는 것은 '하나', 라틴어로 '우눔(unum, 한 가지의 것을)'입니다. 이 말의 손주뻘 되는 낱말들이 많습니다.

uniform, unisex, unify, unification : 한 가지로 맞춰 입는 '유니폼(단체복)', 여러 성별 구분 없이 같은 스타일의 '유니섹스'는 우리도 흔히 쓰는 말입니다. unify는 여러 가지 것을 하나로 모아 '통일'한다는 의미이고, unification은 '통일'이지요.

unicorn : 상상의 동물로, 뿔이 '하나' 달린 '일'각수입니다. 그리스어 모노케로스monoceros를 라틴어로 옮기면 유니코르누스unicornus인데, 이 말을 다시 영어식으로 적은 거예요.

multiply : 여러 배로 '곱한다'는 뜻입니다. '증식시키다'나 '증가시키다'의 뜻도 있지요.

multimedia, multitasking, multiplex : 우리말로 따로 옮기기도 어려운 말이네요. 여러 가지 매체를 동시에 이용하는 '멀티미디어', 여러 가지 일을 동시에 진행하는 '멀티태스킹', 여러 영화를 동시에 상영하는 '멀티플렉스' 영화관.

낱말의 역사 - unisex와 multiplex

말에는 역사가 담겨 있고, 세태를 반영합니다. 20세기 후반부터 세상은 바쁘게 돌아갔지요. 사람이나 기계나, 갓 발명되어 세상을 더 바쁘게 만드는 컴퓨터나, 동시에 여러 가지 일을 진행해야 했어요.

구글 엔그램 뷰어를 찾아보면 영어 가운데 'uni-'가 들어간 말 대부분은 옛날부터 많이 쓰였습니다. 그런데 'multi-'가 들어간 말 상당수는 20세기 후반이 되어서야 많이 쓰이기 시작했어요. 물론 'uni-'가 들어간 말이 모두 오래된 말은 아닙니다. 'unisex' 같은 단어는 'multimedia'나 'multitasking' 등과 함께 20세기말부터 쓰이기 시작했어요. 이 역시 세태를 반영한 것이지요.

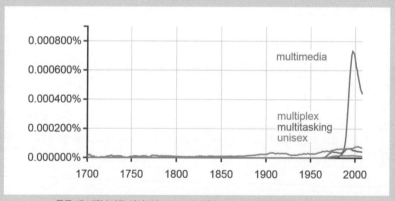

구글 엔그램뷰어로 살펴본 'multimedia'와 'multitasking', 'unisex', 'multiplex'

그래프를 보면 multimedia라는 말이 오늘날 너무 많이 쓰이고 있어서, 다른 단어들이 어떻게 쓰이고 있는지 제대로 보여 주지 않는 것 같습니다. multimedia만 빼고 다시 찾아볼까요?

multitasking이나 unisex 같은 말이 최근에야 쓰이기 시작한 이유는 충분

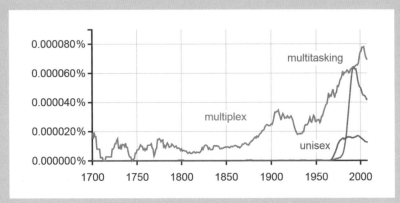

구글 엔그램뷰어로 살펴본 'multitasking', 'unisex', 'multiplex'

히 짐작할 수 있습니다. 그런데 multiplex는 의외군요. 최근 들어 더 많이 사용되기는 하지만 옛날부터 가끔씩 사용되던 단어라고 나오네요. 그때 이미 여러 개의 연극을 올리는 멀티플렉스 극장이라도 있었단 말인가요?

사실은 이렇습니다. multiplex라는 말은 원래 라틴어 물티플렉스 (multiplex, 여러 겹 또는 여러 곱)에서 온 말이라고 합니다. 1550년대부터 수학 용어로 사용되었대요. 그러다가 오늘날 '멀티플렉스 상영 극장'의 뜻으로 주로 쓰이게 되었지요. 아무려나, 말은 세태를 반영하니까요.

12

책으로 세상을 바꿀 수 있을까

『격언집』은 꾸준히 입소문을 탔습니다. 검색 엔진도 데이터베이스도 없던 시대에 주로 기억에 의지해 이렇게 다양한 내용을 담아 책을 쓰다니, 에라스뮈스도 대단하지요.

이 책을 반긴 사람들 중에는 아마 속물도 있었을 겁니다. 잘 알지도 못하면서 라틴어 격언을 인용하며 우쭐대고 싶어 하는 사람들 말이죠. 그래서였을까요. 『격언집』을 내면서 에라스뮈스는 반대도 받았다는군요. "에라스뮈스는 『격언집』을 발간하기 직전에 일부 휴머니스트들에게 비난을 당했다. 고대 학문의 신비를 이런 식으로 공개해도 되느냐는 것이었다. 하지만 그는 고대의 책들이 모든 사람에게 공개되기를 원했다." 하위징아의 글입니다.

지식을 독점하고 싶은 사람은 어느 시대에나 있나 봅니다. 그런데 인디 지식인으로 살고 싶어 하던 에라스뮈스는 그들 눈치를 볼 필요가 없었습니다. 자기가 공부한 것을 사람들을 위해 풀어냈어요.

무엇 때문에? 경제적 이익만이 이유는 아니었을 겁니다. 『격언집』

이 처음 나오자마자 날개 돋친 듯 팔린 것도 아니고 여러 번 증보판을 거듭하며 수십 년에 걸쳐 팔려 나갔으니까요. 나중에는 '베스트셀러'가 되기는 했습니다만. 당장 돈이 필요하다면 다른 확실한 방법이 많았죠. 돈 많은 사람을 띄워 주는 글을 출판하여 돈을 벌어도 되고요. 요즘 식으로 말하면 대기업 회장님을 홍보하는 글이랄까요. (에라스뮈스도 돈이 정 궁할 때에는 이런 글을 쓰기도 했어요.)

롤런드 베인턴은 에라스뮈스의 전기를 쓴 학자인데요, 에라스뮈스의 야심에 대해 지적합니다. 출세와 부귀영화에 대한 시시한 야심 말고, 글을 써서 세상을 바꾸려고 하는 위대한 야심 말이에요. 그래서 에라스뮈스는 그토록 열심히 책을 썼는지도 모르겠습니다. 『격언집』에는 '글에서 포도주 대신 등잔불 냄새가 난다'는 격언을 소개합니다. 사람들과 어울려 늦게까지 술잔을 기울이는 대신, 외롭게 밤새 글을 쓰는 작가에 대한 이야기지요. 에라스뮈스 자신에게도 해당하는 말이고요.

| 격언 이야기 |
글에서 등잔 냄새가 난다

〈떴다, 럭키맨〉이란 만화가 있어요. 행운의 별이 보내 주는 에너지를 받는 동안 럭키맨은 천하무적! 하지만 구름이 행운의 별을 가리면 럭키맨도 힘을 쓰지 못합니다. 그럴 때면 한결같은 실력의 노력맨이 적을 물리치고 지구를 구하지요. 럭키맨과 노력맨, 여러분은 어느 쪽이 부러우

세요?

노력하는 작가의 글에서는 '등잔 냄새가 난다'고 합니다. 라틴어로는 'olet lucernam(올레트 루케르남)'. 에라스뮈스가 『격언집』에 소개한 표현이에요. 왜 등잔일까요? 전기가 안 들어오던 시절에는 글을 쓰며 밤을 새울 때 등잔을 썼으니까요. 등잔 기름 탄 냄새가 글에 배었다는 표현이죠. 비슷한 뜻으로 '포도주보다 기름을 쓰다(plus olei quam vini consumere, 플루스 올레이 쿠암 비니 콘수메레)'란 말도 있대요.

이 표현은 본디 데모스테네스에 대한 인물평이었어요. 남들 다 먹는 포도주도 마시지 않고 밤새 원고만 다듬던 데모스테네스. 그는 고대 그리스의 '노력맨'이었습니다. 노력하기로는 에라스뮈스도 마찬가지. 네덜란드가 고향이었지만 파리·런던·로마·바젤 등 방방곡곡을 돌아다니며 평생 동안 공부하고 책을 썼죠.(그림은 한스 홀바인의 〈에라스뮈스의 초상〉을 본떴습니다. 홀바인은 에라스뮈스의 노고를 기리기 위해 여러 점의 초상

한스 홀바인, 〈에라스뮈스의 초상〉, 1523년(내셔널 갤러리, 런던)

화를 그렸어요.)

에라스뮈스는 왜 이렇게 노력했을까요? 책을 써서 세상을 바꿀 수 있다고 믿었거든요. 롤런드 베인턴은 에라스뮈스의 전기에 이렇게 썼어요. "그는 … 교육과 인쇄술을 도구 삼아 세계를 개조하고자 했다. 학문과 인쇄술을 병행하려고 그렇게 열심히 노력한 사람은 없었다. 그의 체취는 인쇄업자의 잉크 냄새였다." 등잔 냄새, 기름 냄새에 더해 잉크 냄새도 나는 셈입니다.

한때 그의 꿈은 곧 이루어질 것 같았죠. 책으로 세상을 바꾼다니, 책을 사랑하는 여러분, 얼마나 가슴 설레는 일인가요? 그러나 세상의 갈등이 커지고 증오와 분노가 시대를 뒤덮자 사람들은 에라스뮈스의 합리적인 목소리를 듣지 않았습니다. "에라스뮈스는 평화의 예언자로서 (갈등을) 중재하려 들었지만… 논쟁중인 양쪽에서 공격받았고, … 버림받은 자로서 죽었다"고 베인턴은 말합니다.

에라스뮈스는 단지 행운이 약간 모자랐을까요, 아니면 처음부터 불가능한 꿈에 홀려 헛된 노력을 한 걸까요? 모르겠습니다. 책에는 세상을 바꾸는 힘이 있을까요? 모르겠습니다. 우리는 에라스뮈스의 말년을 살펴보며, 이 문제를 다시 생각하게 될 것입니다.

빛부터 악마의 이름까지

'올레트 루케르남olet lucernam'에서 루케르나lucerna는 라틴어로 빛을 밝히는 등잔이라는 뜻입니다. 라틴어 루케오(luceo, 빛을 밝히다)에서 온 말이지요. 그 손주뻘 되는 말이 많이 남아 있습니다.

빛의 단위 lumen, lux : 루멘(기호는 lm)은 빛의 양을 세는 단위이고, 럭스(기호 lx)는 조도, 즉 어떤 면이 받는 빛의 세기를 나타내는 단위입니다. 둘 다 라틴어로 빛을 뜻하는 말 루멘lumen과 룩스lux에서 왔습니다.

프랑스어 lumière : 빛. 영화의 선구자로 이야기되는 프랑스의 뤼미에르 형제가 하필 이름이 뤼미에르Lumière인 사실도 호사가들이 즐겨 이야기하는 대목입니다. 영화는 빛의 예술이니까요.

영어 leukemia, 독일어 leukämie : 옛날 그리스말로 레우코스leukos는 '하얗게 빛난다, 하얗다'는 말입니다. 라틴어 룩스lux의 사촌쯤 되는 단어죠. 여기에 그리스말로 피를 뜻하는 하이마haima가 붙어, '하얀 피'의 병, 즉 백혈구가 이상 증식하는 백혈병이라는 뜻이 되었습니다.

Lucifer : 루시퍼, 즉 루치페르는 빛lux을 가져오는pher, fer 이를 뜻합니다. '빛을 가져오는 이'라는 좋아 보이는 말이 왜 악마의 이름이 되었을까요? 원래 이 말은 샛별의 이름입니다. 해가 뜨기 전 밤하늘에 가장 밝게 비치는 별이죠. 샛별이 밝은 것은 사실이지만 태양보다 밝지는 않죠. 옛날 사람들은 태양에 앞서 잠시 동안 밝게 빛나며 사람들의 눈을 현혹하는 샛별의 잘난 척하는 모습에서 악마를 연상했나 봅니다. 그래서 빛을 가져오는 루시퍼가 악마 왕초의 이름이 되었습니다. (옛날이야기 좋아하는 사람이라면, 하늘의 불을 훔쳐다 인간에게 전해 주느라 신과 원수가 된 프로메테우스의 이야기를 떠올리겠지요.)

13

▶

먹고살기에 아직 부족한

르네상스 시대의 베스트셀러로 불리는 『격언집』. 책이 나오자마자 에라스뮈스의 주머니 사정이 넉넉해졌을까요? 아닙니다. 『격언집』은 수십 년 동안 증보판이 나오며 에라스뮈스에게 큰돈을 벌어다 주었고, 인디 지식인으로 살 수 있게 해 주었어요. 그러나 요즘처럼 대형 서점이나 인터넷 서점이 있는 시대도 아니었고, 에라스뮈스가 당장 큰돈을 만지지는 못했지요.

게다가 이해 초, 에라스뮈스는 잉글랜드 세관에서 그동안 모아 두었던 재산을 탈탈 털렸습니다. 당장 생계가 급하니 무슨 일이라도 해야 하는 상황이었어요. 후원자를 구하는 일은 여전히 힘들었고, 돈 많은 사람들을 홍보해 주는 책자를 쓰는 '알바'도 계속했답니다. 그 스스로는 그 일을 무척 싫어했지만 말이죠.

1502년에는 캉브레의 주교가 세상을 떠났어요. 후원자를 자처했지만 정작 돈은 잘 보내 주지 않던 사람이요. "나는 캉브레 주교를 위해 세 개의 라틴어 묘비명과 하나의 그리스어 묘비명을 작성했다.

그런데 내게 달랑 6길더만 보내 왔다. 캉브레 주교는 죽어서도 살았을 때와 다름없이 인색했다." 1503년에는 네덜란드를 다스리던 펠리페 1세를 찬양하는 글을 쓰는 일을 맡았습니다. "그 일에 밤낮없이 매달렸다. 마음속에 혐오감을 느끼며 글을 쓰는 것보다 더 어려운 일이 있을까? 훌륭한 글이 아닌 글을 쓰는 것보다 더 쓸데없는 일이 있을까?" 에라스뮈스의 푸념입니다.

인디 지식인이라는 말은 화려해 보이지만, 안정된 수입이 없다 보니 이런 일들이 종종 일어납니다. 그래도 해야지 어쩌겠습니까. 어느 기관에도 어느 파벌에도 소속되지 않고 자유로운 정신을 유지하려면 가끔 이렇게 '흑역사'를 쓰는 일도 합니다. 이것이 인디 지식인의 실상이지요. 얄궂은 노릇이지만요.

에라스뮈스는 현실적인 사람이었어요. 돈이 세상에서 가장 중요한 가치가 아니라는 점을 잘 알았지요. 그러면서도 어떻게든 돈이 필요하다는 사실을 인정했습니다. 사람이 어떻게든 '깨끗하게만' 살기란 어렵다는 사실도요.

| 격언 이야기 |
뭘 팔든 이문엔 좋은 냄새가 난다

발자크의 단편 「사라진」을 읽다가 이런 구절을 보았습니다. "아마 그 어떤 나라에서도 베스파시아누스의 공리가 파리에서보다 더 잘 이해되지는 않을 것이다. 파리에서는 피나 진흙이 묻은 돈조차 아무것도 폭로

하지 않는다." 여기서 '베스파시아누스의 공리'란 무엇일까요?

에라스뮈스의 『격언집』에 이런 이야기가 있습니다. "로마 황제 베스파시아누스는 … 소변에까지 세금을 매겼다고 한다. 아들이 '어찌 그런 지저분한 걸로 돈을 챙기려 하십니까?' 하고 묻자, 베스파시아누스 황제는 그렇게 거둔 동전 한 닢을 집어 아들의 코 밑에 가져다 대더니 '이

동전에서 지린내가 나느냐'고 되물었다." 글쎄요, 분명 지린내는 나지 않았겠죠. 이 일화에서 '뭘 팔든 이문엔 좋은 냄새가 난다(lucri bonus est odor ex re qualibet, 루크리 보누스 에스트 오도르 엑스 레 쿠알리베트)'라는 라틴어 격언이 나왔다는군요.

그런데 베스파시아누스는 로마 황제치고는 괜찮은 사람이었나 봐요. 황제들의 험담으로 유명한 수에토니우스의 『황제 열전』에조차 "금전욕이 그의 유일한 결점"이라고 했으니까요. 그는 이렇게 돈을 모아, 내전으로 거덜 난 나라 살림을 일으켰거든요.

이 그림은 스크로베니 예배당(일명 아레나 예배당)의 벽화 연작 중 하나

조토, 스크로베니 예배당 벽화 중에서 '유다의 거래' 부분,
1304~1306년경

입니다. 중세 말, 이탈리아 도시국가 파도바에는 스크로베니라는 악명 높은 고리대금업자가 있었습니다. 어찌나 원망을 샀던지, 단테는 『신곡』에서 스크로베니가 지옥에서 영원히 벌 받고 있다고 읊었어요. 그런데 그의 아들 엔리코 스크로베니는 아버지가 물려준 재산으로 예배당을 지어 헌납하고, 당대 최고의 화가 조토를 불러 벽화를 의뢰합니다. '개같이 벌어 정승같이 쓴다'는 우리네 속담이 떠오르네요.

그러나 이걸로 과연 충분한 걸까요. 지금 내가 누리는 부는 어디서 왔을까요? 혹시 가난한 이웃에게 돌아가야 할 몫을 나도 모르게 빼앗아 온 건 아닐지? 이런 생각은 때때로 우리를 잠 못 들게 합니다.

잭 런던은 소설 『강철군화』에서, '내가' 지금 여유롭게 즐기는 차 한 잔이, 얼마 전 기계에 잘려 나간 어느 노동자의 손목에 빚지고 있다는 걸 보여 줍니다. 한편, 돈만 있으면 누구나 대접받는다는 19세기의 파리에서도, 그 재산에 뭔가 불길한 내력이 있지 않을까 마음 졸이는 것은 인지상정이었지요. 앞서 언급한 발자크의 「사라진」에서 등장인물들은 '베스파시아누스의 공리'에도 불구하고 어느 부잣집의 수상쩍은 내력을 파헤칩니다.

스크로베니 예배당의 벽화 주제는 '예수의 생애'. 이 그림은 스승 예수를 팔아넘기는 '유다의 거래' 장면을 패러디한 겁니다. '이문에서는 좋은 냄새가 난다'지만 돈주머니를 건네받는 유다의 표정은 불안할 따름이지요. 많은 화가들이 '예수의 생애'라는 주제를 다루었지만, '유다의 거래'는 본디 거의 그려지지 않는 장면입니다. 그런데 스크로베니 가문의 돈을 받은 조토는 굳이 이 장면을 그려 넣었어요. 무슨 의도였을까요?

탈취제에서 아크릴까지

'Lucri bonus est odor ex re qualibet(루크리 보누스 에스트 오도르 엑스 레 쿠알리베트)'에서 냄새를 뜻하는 라틴어는 오도르odor입니다. 동사 꼴은 올레오oleo로 앞서 살펴본 격언 '올레트 루케르남(olet lucernam, 등잔 냄새가 난다)'에도 등장했습니다.

odor, odour : 냄새, 특히 악취를 뜻하는 말입니다.

프랑스어 odeur : 냄새, 향기를 뜻하는 말이지요.

deodorant : 접두사 de-는 없애고 제거한다는 의미입니다. (원래는 아래로 내려보낸다는 뜻.) 그래서 데오도란트는 냄새를 없애는 '탈취제'를 일컫는 말이지요.

acrylic : 아크릴이라는 이름은 원래 아크롤레인acrolein이라는 화학 물질에서 나왔습니다. 아크롤레인은 마늘과 양파즙을 섞은 듯한 지독한 냄새를 풍기기 때문에 붙인 이름이지요. '날카롭다'는 뜻의 라틴어 아케르acer와 '냄새가 난다'는 뜻의 올레오oleo가 합한 말, 즉 코를 찌르는 듯한 지독한 냄새가 나는 물질이라는 뜻입니다. (아크롤레인은 종종 최루가스 등에도 사용된다고 합니다.) 아크릴 공예를 해 본 사람이라면 가끔 아크릴판을 가공할 때 나는 날카로운 냄새를 잊지 못할 거예요.

14

▶

죽음이 두려워 달아나다

에라스뮈스의 고난은 끝나지 않았습니다. 『격언집』을 출판
하고 얼마 지나지 않아, 이번에는 죽음의 공포가 그를 짓눌렀
어요. 그가 머물던 파리에 돌림병이 돌기 시작한 겁니다. 중세 시대
의 서양 사람 누구나 돌림병을 두려워했어요. 특히 에라스뮈스는 돌
림병 때문에 부모를 여의기도 했으니 더욱 그랬겠지요.

몸이 약한 에라스뮈스는 얼마 전 파리에서 중병에 걸려 고생한 경
험이 있었습니다. 죽음이 언제나 자기 곁에 있다고 느꼈어요. 그래
서 돌림병이 돌자마자 파리를 떠났고, 가는 곳마다 환자가 발생하면
도망치듯 이주했습니다. 요즘 사람 보기에도 유난을 떤다 싶을 정도
니 당시에는 오죽했겠습니까. 이사를 도운 사람들로부터 비웃음도
사고 원망도 받았어요. 에라스뮈스의 '비겁함'을 꾸짖는 사람도 있었
어요. "내가 스위스 용병이라면 비겁하다는 비난은 참을 수 없는 모
욕일 것입니다. 그러나 평화와 시원한 그늘을 사랑하는 시인의 영혼
을 그렇게 비난하면 안 되죠." 조금은 뻔뻔스러워 보이는, 에라스뮈

스의 대답입니다.

군이 이사를 다닌 에라스뮈스는 좀 별난 경우지만, 당시 많은 사람들이 죽음의 공포를 느끼며 살았습니다. '죽음이 우리 곁에 있다'는 생각은 중세 사람들의 공통된 정서. 이런 생각을 하며 그들은 우울했을까요, 담담했을까요? 죽음이 가까이 있으니 근신하며 엄숙하게 살자는 생각과, 어차피 죽을 운명이니 당장 즐겁게 살자는 생각, 두 가지 모두 고대와 중세 시대 사람들의 마음을 지배했습니다.

| 격언 이야기 하나 |
카르페 디엠

청춘의 아픔은 순간이고 인생의 본모습은 아름답다며 꿈과 희망을 강요하시는 분들께 읽어드리고 싶은 구절이 있어요. "인생이란 암담한 나날을 울며 애타고 병을 앓으며 분노하는 일로 괴로워하며 사는 것이다." 흥미롭게도 성서에 나오는 말이랍니다. "헛되고 헛되다. 세상만사 헛되다. … 신은 사람에게 괴로운 일을 주시어 고생이나 시키신다."(「전도서」 1장과 5장)

옛사람들은 삶의 고통을 빗대어 '눈물의 골짜기'라 불렀다나요. 골짜기에 갇힌 우리 앞에, 두 가지 선택지가 있습니다. 하나는 종교에 심취하는 것. "당신을 향해 우리는 울며 탄식합니다, 이 눈물의 골짜기에서 (in hac lacrimarum valle, 인 하크 라크리마룸 발레)."(라틴어 성가 〈살베 레지나〉) 이승의 고통을 견뎌 내는 힘을, 저 너머의 세상에 대한 희망에서 끌

어온대요. "깊은 구렁 속에서(de profundis, 데 프로푼디스) 내가 부르짖사오니… 파수꾼이 새벽을 기다리기보다 내 영혼이 당신을 더욱 기다리나이다."(「시편」, 130편) 그러나 의심 많은 현대인에게는 애초에 무리가 아닐지요.

다른 하나는 향락에 빠지는 겁니다. "여기 이 세상 눈물의 골짜기에는(Jammertal, 얌머탈) 수고와 고통뿐." 독일어 오페라 〈마탄의 사수〉 1막 5장에서 카스파르가 부르는 권주가예요. "마지막 숨을 뱉을 때까지 나는 술의 신 바쿠스나 굳게 믿으련다." 눈물의 골짜기라는 같은 인식에서 출발했지만 정반대의 결론이 나오네요.

브뤼헐의 회화 〈죽음의 승리〉는 요모조모 뜯어보는 맛이 있어요. 요즘 저는 오른쪽 아래, 그림 제일 구석진 곳에 눈이 갑니다. 도처에서 사람들이 죽어 쓰러지고, 그림 오른쪽에는 죽음의 군단이 몰려옵니다. 그런데 그 바로 아래, 두 연인이 그림의 구석을 차지하고 앉아 한가로이

피터르 브뤼헐, 〈죽음의 승리〉, 1562~1563년경

류트를 뜯고 있어요! 이 그림의 주제는 '메멘토 모리(memento mori, 죽음을 기억하라)', 죽음을 잊고 사는 인간의 어리석음을 풍자한다지요. 하지만 '카르페 디엠(carpe diem, 오늘을 즐기라)', 마지막 순간까지 즐겨 대는 저들도 나름 영리해 보입니다.

다만 '정신줄 놓고' 즐기다가는 패가망신하기 십상이죠. 권주가를 부르던 카스파르도 결국 끝이 좋지 않았잖아요. 그럼 어느 장단에 맞춰야 할까요. "착하게 살면 망한다. 그러니 너무 착하게 살다가 망하지 말라. 그렇다고 너무 악하게 살다가 때가 되기 전에 죽음을 맞는 것도 피하라"는 조언이 참고가 되려나요? 이 얄미우리만치 영악한 말 역시, 성서(「전도서」 7장)에 나온다는 사실이 얄궂지만요.

메멘토 모리

죽기는 싫어요. 오래 살고 싶지요. 그러나 몇 살까지 살아야 충분히 오래 사는 걸까요? 믿거나 말거나, 옛날 중국의 팽조라는 사람은 700년을 살았다고 합니다. 그러나 명령이라는 나무는 500년이 한 계절이고 대춘이라는 나무는 8000년이 한 철이었대요. 팽조 역시 전설 속의 나무들에 비하면 요절한 셈이지요.(『장자』, 「소요유」) 길건 짧건 삶은 덧없는 것. 앞서거니 뒤서거니 우리는 모두 죽습니다.

죽는다는 것은 고독한 일입니다. 나 대신 남이 죽어 주는 이야기는 신화 속에서나 가능해요. 그러나 이야기 속에서조차, 살아남은 이는 더욱

고독하더군요.(에우리피데스, 『알케스티스』) 목숨을 버릴 정도로 자기를 사랑해 주던 사람이 떠나니까요.

'죽는다는 것을 기억하라.' 메멘토 모리memento mori라는 라틴어 경구는 우리에게도 낯이 익어요. 미술사에도 자주 나와요. '죽음을 떠올리게 하는 상징물'을 뜻한대요. '죽음의 춤'이라는 장르도 있습니다. 사회 각계각층, 나라님부터 가난뱅이까지 부자 양반부터 노동자까지 다양한 신분의 사람들이 한 줄로 늘어서 춤을 춥니다. 사이사이에 끼어선 댄스 파트너는 바로 해골의 모습을 한 죽음. 권력자도 평범한 사람도 어느 누구도, 우리는 죽음을 피할 수 없어요.(뤼베크의 〈죽음의 춤〉 가운데 '황제', '상인', '농민' 부분을 다시 그려 보았어요.)

여기에 바로 메멘토 모리의 역설이 있습니다. 죽음은 우리를 고독으로 밀어 넣지만 또한 죽음 앞에서 우리는 모두 똑같은 인간이니까요.

'죽음은 모두에게 보편된 것(mors omnibus communis, 모르스 옴니부스 콤무니스)'이죠. 죽음을 생각할 때 인간은 더는 혼자가 아닙니다. "잎새에 이는 바람에도 괴로워"하며 시인 윤동주는 "모든 죽어 가는 것을 사랑"합니다.(「서시」) "나는 나에게 작은 손을 내밀어 / 눈물과 위안으로 잡는 최초의 악수."(「쉽게 쓰여진 시」) 나도 당신도 죽어야 할 운명이라면 서로에게 손 내밀지 못할 이유가 있을까요. 죽음 앞에서 누구나 고독하기에 거꾸로 죽음을 생각할 때 나는 당신이 되고 당신은 내가 됩니다. 우리 역시 더는 죽음 앞에 무력한 존재만은 아닐 겁니다.

뤼베크에 그려진 죽음의 춤(부분)

오전, 오후에서 전화기 다이얼까지

카르페 디엠carpe diem은 우리말로 옮기기 쉽지 않은 말이에요. 직역하면 '날을 잡아라'라는 뜻이 되거든요. '(내일을 믿지 말고) 이날을 잡아라', 즉 '오늘을 즐겨라'라는 의미로 새기는 것이 적절합니다. 라틴어 디에스(dies, 날)의 손주뻘 되는 말들이 많은데요, 한번 살펴볼게요.

약자 A.M., P.M. : 라틴어 안테 메리디엠(ante meridiem, 정오 이전), 포스트 메리디엠(post meridiem, 정오 이후)의 약자입니다.

라틴어 dies irae : 중세 발음으로 '디에스 이레', 뜻은 '진노의 날'입니다. 신이 진노하여 심판을 하리라는 심판의 날, 즉 이 세상이 멸망하는 날을 뜻하지요. 〈진혼곡(레퀴엠)〉을 지은 작곡가들은 '디에스 이레' 부분에 세상 멸망의 이미지를 담아 박진감 넘치는 곡을 써넣기로 유명합니다.

dial : 전화기 다이얼로 우리에게 익숙한 '다이얼'이라는 말은 원래 '숫자가 적힌 눈금판'을 뜻하는 단어입니다. '하루'의 시간을 알려 주는 해시계sun dial에서 온 말이지요. 다이얼을 돌리는 전화기가 사라진 오늘날, 이 말 역시 뜻이 사라지고 있습니다. 어휘의 역사란 현실을 반영하니까요.

15

새로운 공부에 도전

병 걱정, 죽음 걱정과 더불어 삼십 대 후반의 에라스뮈스를 짓누른 걱정은 늙는 걱정이었습니다. 에라스뮈스는 자신의 수명이 얼마 남지 않았다고 생각했어요. 겁이 많은 사람이라 그랬을 까요, 몸이 약해 노화에 민감해 그랬을까요. 옛날 책을 너무 많이 읽어 나이 든 저자들의 생각에 익숙해졌기 때문일까요. "에라스뮈스는 젊은 시절부터 자신을 늙었다고 생각해 온 사람이었다. 아직 마흔이 되지 않았는데도 자신이 노년의 문턱에 올라섰다고 생각했다. 정말 노년은 빨리도 오는구나!" 하위징아의 글입니다.

백 세 시대를 사는 우리가 보기에는 당황스럽습니다. 에라스뮈스 본인도 실제로 오래오래 살았고요. (잔병을 골골 앓으면서도 팔십 살까지 건강하다는 '골골팔십'이라는 말이 생각납니다.) 아무려나 본인은 늙어서 힘들었다니 인정해 줍시다. 그가 젊은 시절을 불우하게 보냈고 당시가 평균 수명이 짧던 시대였다는 점을 감안해서요.

그런데 자기가 늙었다고 한탄해 놓고 에라스뮈스는 무슨 일을 했을까요? 새로운 공부를 시작했습니다. 어렵기로 소문난 고대 그리스어 공부에 손을 댄 것이지요. 라틴어를 잘하는 사람이니만큼, 그전에도 그리스어를 못했던 것은 아닙니다. 그러나 본격적으로 공부를 시작한 것은 (자기가 느끼기에는 인생의 만년인) 삼십 대 후반의 일이었지요. 그리스어는 라틴어보다 어휘가 많고 문법이 복잡합니다. 요즘처럼 전자 사전도 없던 시절에 공부하기 까다로운 언어였어요. 지금도 공부하기 쉬운 언어는 아니지요. 에라스뮈스는 몇 해만에 그리스어에 능숙해집니다. 어학 재능은 대단한 사람이었나 봐요.

지식욕 또한 대단했어요. 에라스뮈스는 '충족할 수 없는 통'이라는 격언을 소개하며 "지식욕 또한 밑 빠진 독처럼 아무리 채워도 끝이 없다"고 썼는데, 아무래도 자기 이야기 같아요. 고대 그리스어 문헌을 읽으며 에라스뮈스는 새롭게 알아낸 사실이 많았습니다. 새로운 세계가 열린 셈이었지요. 돈도 없고 나이도 많다고 투덜대던 에라스뮈스, 마흔을 앞두고 새로 쌓은 지식을 밑천으로 야심찬 작업에 뛰어듭니다.

| 격언 이야기 |
충족할 수 없는 통

아들러와 반 도렌은 『독서의 기술』에서 책을 읽는 궁극의 단계로 비교 독서를 제안합니다. 비슷한 사상을 옛날 책과 요즘 책에서 발견하고, 비슷한 이야기를 동양과 서양에서 찾아내는 일은, 독서가에게 큰 즐거

움이지요.

이 호기심이 지나치면 엉뚱한 곳으로 빠지기도 해요. 육당 최남선은 1929년에 『괴기』라는 잡지를 발간하는데, 그 내용이 심히 민망하답니다. "아메리카 대륙을 1500년 전에 불교 스님이 발견했다"고 주장하거나, 조선의 "남자와 여자 생식기 명칭"을 꼬치꼬치 분석하여 그 어원을 인도어에서 찾아내기도 합니다.(어떻게?) 이 잡지 두 번째 권에 "조선의 콩쥐팥쥐는 서양의 신데렐라 이야기"라는 글이 있습니다. 최남선은 "서양에서 아무도 모르는 이가 없는… 훼아리 테일(仙姑談, 신선 할미 이야기)"인 신데렐라를 소개하며, "이야기의 뼈다귀"가 우리네 콩쥐팥쥐 이야기와 같다고 지적합니다. 물론 밑 빠진 독에 물을 채워 넣느라 콩쥐가 고생하는 등 부분 부분은 신데렐라와 다릅니다만.

그런데 똑같은 디테일이 옛날 그리스 신화에 있습니다. 50명이나 되던 다나오스의 딸들은, 아버지의 지령에 따라 49명의 남편들을 살해합니다.(한 명은 남편을 살려 줬대요.) 이 벌로 저승에서 이 여자들은 새는 바가지로 밑 빠진 항아리를 채워야 한다나요. 영원한 헛수고지요.

로댕은 〈다나오스의 딸〉이란 조각을 남겼습니다. 그림 뒤쪽에 지쳐 쓰러진 여성은 이 작품을 본뜬 것이지요.(앞쪽의 서 있는 여성은 앵그르의 〈샘〉을 보고 그렸습니다.) 연인 카미유 클로델이 모델을 섰다고 하여 더욱 유명한 작품이기도 합니다.

이 이야기로부터 에라스뮈스는 '충족할 수 없는 통(inexplebile dolium, 인엑스플레빌레 돌리움)'이란 라틴어 격언을 소개합니다. '헛된 수고'를 뜻하는 이 말은 다양하게 쓰입니다. 아무리 먹어도 출출한 위장을 가리키

오귀스트 로댕, 〈다나오스의 딸〉,
1890년(로댕 미술관, 파리)

장 오귀스트 도미니크 앵그르, 〈샘〉,
1856년(오르세 미술관, 파리)

기도 하고, 배우는 족족 잊어버리는 학생을 뜻하기도 합니다. 당연히 재산에 대해서도 쓰입니다. 아무리 벌어도 밑 빠진 독처럼 써 대면, 돈이 모이지 않겠죠. 부자의 세금을 깎아 주느라 쪼들린 나라 살림을 가난한 사람에게 돌아갈 복지 예산을 줄여 채워 넣거나, 평범한 사람들에게 거둔 세금을 큰 기업에 보태 줬더니 임원들끼리 나눠 가졌더라는 일은, 에라스뮈스에 따르면 "주저함 없이 남의 재산을 가져다가 다른 사람에게 탕진하는" 경우입니다.

한편 이 말은 색다른 뜻으로도 쓰입니다. 하데스, 곧 저승을 밑 빠진 독으로 보는 견해도 있다나요. 아무리 많은 망자가 내려간대도 채워지지 않기 때문입니다. 철학의 즐거움을 여기서 연상하기도 합니다. 철학은 '채울 수 없는 통'과는 반대로 "사람들이 계속 길어 낼지라도 그 안에는 언제나 길어 낼 것이 남아 있는" 화수분이니까요. 읽고 또 읽어도 새록새록 깊은 뜻이 우러나는 고전 역시 마찬가지겠지요. 반면 우리의 호기심은 언제나 밑 빠진 독으로 남아 있습니다. 아무리 많은 고전과 철학을 끌어다 댄대도 세계에 대한 우리의 지적인 갈증이 완전히 해소될 날이 있을까요?

에라스뮈스의 성공 **04**장

『신약성서』를 연구하다
대표작 『우신예찬』
껄끄러운 이야기를 웃음으로
유명 인사가 된 에라스뮈스

16
▶
『신약성서』를 연구하다

고대 그리스어를 에라스뮈스가 본격적으로 공부하기 시작한 것은 삼십 대의 늦은 나이였어요. 그런데 당시 고대 그리스어를 공부한다는 것은 『신약성서』 연구에 손을 댄다는 뜻이었지요. 『구약성서』는 히브리어로, 『신약성서』 원전은 고대 그리스어로 쓰였거든요.

그런데 그리스어는 어려운 언어였기 때문에 에라스뮈스가 살던 시절에는 라틴어로 번역된 『불가타 성서』를 많이 봤어요. 이상하죠? 오늘날 우리가 보기에는 라틴어나 고대 그리스어나 어렵기는 마찬가지인데 말이에요. 그리스어와 라틴어의 관계에 대해 요점만 짚고 넘어가도록 하죠.

라틴어가 널리 쓰이는 공용어가 된 이유는 라틴어를 쓰던 로마 제국이 한때 세계에서 제일 잘나갔기 때문입니다. 한때 '대영제국'이라 불리던 영국과 오늘날 초강대국인 미국 때문에 요즘 국제 사회에서 영어가 널리 쓰이는 것과 같아요.

그런데 로마가 패권 국가가 되기 전에는 어땠을까요? 그리스어를 쓰던 사람들이 지중해 세계를 주름잡던 때가 있었어요. 알렉산드로스 대왕과 그 후계자들이 세운 나라가 초강대국이던 시절, 이때를 헬레니즘 시대라고 부릅니다. 로마가 강대국이 된 다음에도 로마 사람들은 한동안 그리스어를 배워야 했답니다. 훗날 '대영제국'의 영국 사람들이 굳이 라틴어를 배워야 했던 것과 마찬가지죠.

서양의 중세와 르네상스 시대에는 라틴어가 공용어로 쓰였어요. 에라스뮈스와 동료 인문주의자들이 당시 인정받은 것도, 중세 사람들이 적당히 쓰던 '속류화된 라틴어' 대신 옛날 로마 사람들이 쓰던 '고전 라틴어'를 구사해서 그래요. 에라스뮈스는 한 걸음 더 나아가 그리스어까지 익혔어요. 두 언어를 자유로이 사용할 수 있게 된 다음에 널리 읽히던 라틴어 번역을 보니, 번역이 성에 차지 않았겠죠. 에라스뮈스는 그리스어 성서를 라틴어로 다시 번역하는 작업에 착수합니다. 여러 해 동안 공들여 번역을 했고 출판은 더 나중으로 미룹니다.

요즘 사람 보기에는 이상합니다. "아니, 그리스어 성서를 왜 굳이 라틴어로 번역해? 어차피 둘 다 어려운데." 그러나 중세 사람들한테 라틴어 성서는 그리스어 성서보다 훨씬 편했을 겁니다. 한국어를 쓰는 우리에게 누가 이렇게 묻는다고 생각해 보세요. "너 영어로 된 성서 읽을래, 라틴어로 된 성서 읽을래?" 영어에 자신 없는 사람이라도 영어 성서를 받아 읽지 않겠어요? 아무리 더듬더듬 읽는다고 해도 라틴어 성서보다는 읽기 편하니까요.

군이 원문까지 따져 가며 읽다니 너무 유난을 떤다는 생각도 들죠. 그런데 공부에 빠지면 '원문은 어떻게 되어 있을까' 궁금해져요. 예를 들어 "어둠이 빛을 이겨 본 적이 없다"는 「요한복음」 첫머리의 말은 무슨 뜻일까요? 그리스어 원문과 해석 몇 가지를 살펴봅시다.

| 격언 이야기 |
어둠이 빛을 이겨 본 적이 없다

"그 빛이 어둠 속에서 비치고 있다. 그러나 어둠이 빛을 이겨 본 적이 없다." 「요한복음」 첫머리(1장 5절, 공동번역)의 멋있는 문장이에요. 2008년 촛불집회 당시 '시국 미사'에서 이 말을 쓴 덕분에 교회 밖에서도 유명해졌죠.

'이겨 본 적 없다'로 옮긴 말은 원래 그리스어로 'ou katelaben(우 카텔라벤)'인데요, 여러 가지로 해석할 수 있어요. ① 기본적으로는 '오롯이 잡지 못했다'는 뜻입니다. 어둠이 빛을 붙잡아 본 적이 없다? 무슨 뜻일까요? 여기서부터 ② 어둠이 빛을 '이기지 못했다'는 전통적인 풀이가 나옵니다. 어둠이 온 세상을 덮어도 작은 촛불 하나 감추지 못하죠. 도리어 어둠이 짙을수록 불빛은 눈에 띄게 마련! 과연 어둠은 빛을 못 이기네요.

17세기 프랑스 화가 조르주 드 라투르는 어둠 속에서 비치는 빛을 잘 그렸어요. 라투르의 걸작 〈목수 공방의 그리스도〉를 다시 그려 봤습니다. 오른쪽에 촛불을 든 꼬마가 어린 예수. 원래 그림에선 큼직한 양초

기ㅁ태

2010 늦봄, 촛불 두돌.

를 들고 있었는데, 어린 손에 촛농 떨어질까 봐 다시 그리면서 종이컵을 들려 줬어요.(아, 어디서 많이 보던 모습인데요!) 왼편에서 노동하는 이는 예수의 '아버지' 목수 요셉. 그는 식민지 유대 땅의 가난한 노동자였어요. 이 그림처럼 예수는 아마 아버지 일을 거들면서 자랐겠지요. 그러나 요셉과 예수가 일하는 모습을 그린 이런 소박한 그림은 흔치 않습니다. 훗날의 부유하고 지체 높은 분들은 예수의 조각을 만들어 황금을 입히고 보석을 박았지요. 그 번쩍이는 금칠이야말로 실은 어둠이고, 세상

조르주 드 라투르, 〈목수 공방의 그리스도〉, 1645년경(루브르 박물관, 파리)

을 빛나게 하는 건 백성들의 노동이란 사실을 그 양반들은 이해하지 못한 걸까요.

한편 '붙잡지 못했다(우 카텔라벤)'는 말을 ③ '파악하지 못했다'거나 '알아차리지 못했다'고 풀기도 합니다. "어두움이 (빛을) 깨닫지 못하더라"는 거죠.(개역 한글판) 당시 유대인들 사이에 퍼져 있던 〈지혜 찬가〉에 보면, 어둠이 '지혜'라는 빛을 이해 못 한다는 내용이 나온대요. 또 어둠과 빛을 맞수로 보기 어렵다는 지적도 있어요. 어둠은 빛과 싸우고 빛을 억압하는 힘센 존재가 아니라, 단지 빛이 결여된 상태라는 거죠. 그러고 보니 불교에서도 진리를 깨닫지 못하는 상태를 '무명(無明)'이라고 하잖아요? 그래서 '이기지 못했다'보다 '깨닫지 못했다'가 적절하다는 주장도 있습니다.

이 여러 뜻이 서로 통한다고 생각하면 어떨까요? 빛을 알지 못하기 때문에 어둠은 자신이 이겼다고 생각하겠지만, 아침이 밝으면 사라집니다. 어둠 자신은 단지 빛의 결여일 뿐이고 실체조차 없으니까요. 어둠은 아무것도 아닙니다.

17

▶

대표작『우신예찬』

에라스뮈스는 한동안『신약성서』번역을 연구했어요. 그 러나 출판은 훗날의 일이었죠. 연구 결과를 세상에 내놓기 전에 더 유명해져야 했습니다. 돈도 벌어야 했고요. 독자들의 반응 이 괜찮던『격언집』, 내용을 추가하여 거듭거듭 증보판을 냈습니다. 1508년판이 대박이 났어요. 그동안 쌓은 그리스어 실력 덕분에 내 용도 더욱 풍부해졌습니다. 당시 그의 나이가 마흔둘.

작가로 국제적인 명성을 쌓은 에라스뮈스. 1509년에는 이탈리아 를 방문해 지식인들의 환영을 받습니다. 여름에는 영국으로 초청을 받아요. 친구 토머스 모어의 집으로 가는 길에 에라스뮈스는 재미있 는 책을 구상합니다.

이 책이 바로 에라스뮈스의 대표작으로 이야기되는『우신예찬』. '우신'이란 무슨 뜻일까요? 어리석을 우愚, 신 신神. 이 책에서는 여신 입니다. 라틴어 이름은 스툴티티아(Stultitia, 어리석음). 어리석음의 여신은 사람들 앞에 나타나 연설을 합니다. 명예, 국가, 종교 따위,

사람들이 귀하게 여기는 일이 사실 '어리석음' 자기의 몫이라고, 즉 애국심이니 영웅심이니 하는 것들은 어리석다는 말입니다.

제목에서 알 수 있듯 풍자가 빛나는 책입니다. 어떤 사람들은 상처를 받았어요. 특히 국가를 다스리고 교회를 이끄는 높은 양반들은 통렬한 풍자의 대상이 되었죠. 반면 어떤 사람들은 이 책을 반겼어요. 중세 사회의 답답함에 짓눌려 있던 이들에게 이 책은 '사이다'처럼 시원했으니까요.

| 격언 이야기 |
아르킬로코스적 발언

영화 〈300〉에도 나오다시피 스파르타 사람들은 영웅적인 죽음을 칭송했지요. 전장으로 나가는 아들에게 방패를 챙겨 주며 스파르타의 어떤 어머니는 달랑 다섯 마디를 건넸다나요. 우리말로 옮기면 "이걸 들고, 아니면 여기 실려." 즉 싸움에 이겨 '방패를 들고' 개선하든가, 아니면 명예롭게 전사하여 '방패에 실려' 돌아오라는 거죠. 체면 좀 구기더라도 살아서 돌아오라는 모정은 깊이 숨긴 채, 죽어도 좋으니 방패만은 놓지 말라고 하네요.

고대 서양 세계에서 방패는 전사의 자존심이었습니다. 서사시 『일리아스』는 영웅 아킬레우스의 방패를 묘사하는 데 한 권을 할애할 정도입니다. 적을 죽여 방패를 빼앗는 것은 큰 명예였으므로 전사들은 그 명예를 위해 목숨을 잃곤 했습니다.

그런데 이토록 장엄한 군국주의의 흐름을 통렬하게 풍자한 시인이 있었어요. 방패를 팽개치고 줄행랑을 놓으면서도, 살아남는 게 중요하지 그깟 방패가 대수냐며, 하나 새로 사고 말겠다던 유쾌한 양반. 그의 이름은 아르킬로코스. 최초의 서정시인 가운데 한 사람이지요.

엄숙함이 지나쳐 숨이 막힐 때 풍자는 우리 숨통을 틔워 줍니다. 소크라테스의 생각처럼, 사회에는 따끔하게 한 방을 쏘아 줄 등에가 필요하니까요. 호랑이는 죽어서 가죽을 남기고 사람은 죽어서 명예를 남겨야 한다고 사회가 한목소리로 부르짖을 때에, 이준익 감독의 〈황산벌〉에서처럼 "그 가죽 때문에 호랑이가 죽고 헛된 명예 때문에 사람이 죽는 거"라 꼬집어 주는 개인이 있어 얼마나 다행인지요.

그러나 아르킬로코스가 근사한 사람만은 아니었대요. 그는 악랄한 독설가이기도 했습니다. 에라스뮈스는 『격언집』에서 '아르킬로코스적 발언Archilochia edicta'이란 경구를, "악의적인 표현"이라는 뜻으로 소개하고 있어요. 전설에, 그의 고약한 인신공격을 견디다 못한 처갓집 식구가 자살을 했다고 하니 그야말로 촌철'살인'이랄까요.

'방패'라고 하면 생각나는 그림이 있어요. 시스티나 천장화 〈천지창조〉의 테두리 부분에 미켈란젤로는 벌거벗은 청년들을 그려 넣었어요. 이 청년들은 2인 1조로 무거운 청동 방패를 메고 있습니다. 그중에 방패를 놓치는 것인지 팽개치는 것인지 알쏭달쏭한 청년이 있어서, 그림처럼 키보드 앞에 앉혀 보았어요. 영락없는 '악플러'가 되었군요.

아르킬로코스의 두 얼굴은 우리를 난감하게 합니다. 그러나 풍자란 원래 두 얼굴을 가진 것이 아닐까요. 베르그송은 『웃음』에서 웃음의 긍정적 힘을 찬양하는데, 마지막 몇 줄의 반전을 통해 "그러나 그 안에는 무언가 씁쓸한 맛이 있다"며 웃음이 얼마나 공격적일 수 있는지 말합니다. 풍자할 수 있는 자유는 남의 독설을 들어야 하는 부담과 함께 옵니다. 물론 혐오 표현은 제한되어야 하겠죠. 그러나 이 경우조차도 누구나 동의할 기준을 잡기가 어렵습니다. 표현의 자유라는 문제, 쉽지 않네요.

미켈란젤로, 시스티나 예배당 천장화 중 부분, 1508~1512년

아르킬로코스에서 '칙령 반포'까지

라틴어 격언 '아르킬로키아 에딕타Archilochia edicta'. '아르킬로키아'는 그리스 사람 이름 '아르킬로코스'의 형용사 형태입니다. 문맥상 '아르킬로코스의' 또는 '아르킬로코스스러운' 정도로 옮길까요.

라틴어 edico : '밖으로(ex, 엑스)' + '말하다(dico, 디코)', 즉 '내어 말하다'는 뜻. '에딕타'는 그 과거분사꼴, '내어 말해진 것'이란 의미. 돌려 돌려 말했지만 결국 '(공개된) 말'이란 뜻이지요.

edict : 라틴어 에디코에는 '공식적으로 발표하다'라는 뜻이 있어요. '법을 공포하다, 칙령을 내리다' 따위의 의젓한 말로 쓰였답니다. 그래서 '에딕타'나 '에딕툼edictum'이라는 말에는 '선언, 반포' 같은 뜻이 있어요. 영어의 edict는 여기서 그대로 온 말입니다.

18

껄끄러운 이야기를 웃음으로

마흔다섯 살이 되던 1511년, 에라스뮈스는 파리로 돌아와 『우신예찬』을 출판합니다. 인터넷 서점도 없던 시절에 라틴어로 쓴 책이 초판 1800부가 곧바로 매진되었다고 하니 대단한 성공이었죠. 이후로도 이 책은 에라스뮈스의 대표작으로 불립니다. 16세기 초의 시대정신을 담고 있을 뿐 아니라, 당대를 뛰어넘는 풍자문학의 고전으로 인정받지요.

성공의 비결은 무엇일까요? 이 책은 당시 사회를 통렬히 풍자하는 책입니다. 그런데 날선 비판만 있진 않아요. 문학적으로도 뛰어나고 균형 감각도 잃지 않았습니다. 국가도 종교도 인간 사회도 어리석지만, 어리석음이 꼭 나쁜 것만도 아니라고 합니다.

또한 비아냥 일변도로 빠지지 않도록 이 작품에는 특별한 장치도 마련되어 있어요. 하위징아는 지적합니다. "발언하는 주체는 어디까지나 어리석음이다. 에라스뮈스는 의도적으로 우리를 악순환의 쳇바퀴 위에 올려놓는다. 저 오래된 크레타인의 역설을 연상시킨다."

크레타인의 역설이란, "모든 크레타 사람은 거짓말쟁이다"라고 어떤 크레타 사람이 말했다는 유명한 이야기. 자, 어떻게 될까요. 이 사람이 참말 하는 사람이라면 이 사람의 말이 맞아야 하므로 이 사람도 거짓말쟁이가 되어야 합니다. 반대로 이 사람이 거짓말쟁이가 맞는다면 이 사람의 말은 거짓말이므로 크레타 사람은 거짓말쟁이가 아니게 됩니다.

마찬가지로 『우신예찬』에 나오는 사회 비판이 그럴싸하다고 해도 이것은 또한 우신, 즉 '어리석음'이 한 말이므로, 이 말을 다 믿는 것은 어리석은 일이 될 터. 에라스뮈스는 "어리석은 척하고 하는 이야기"라며 탈출할 구멍을 만들어 놓은 셈입니다.

에라스뮈스는 이런 사람이었습니다. 비겁하다고 느낄 분도 있을지 모르겠네요. 그러나 껄끄러운 이야기를 할 때, 입바른 소리를 할 때, 우리 역시 이런 장치를 종종 사용하죠. "미친 척하고 하는 이야기"라거나 "술 취한 척하고 하는 이야기"라거나 하는 탈출구 말입니다. 에라스뮈스는 『격언집』에서 '술 속에 진리가 있다'는 격언을 소개합니다. 에라스뮈스가 맛있는 와인을 좋아한 것은 사실이지만(예컨대 부르고뉴산 와인이 병을 낫게 해 준다고 믿었어요), 이 격언 자체는 포도주가 아니라 입바른 소리에 대한 것입니다.

술 속에 진리가 있다

술 이야기를 해 볼게요. 여태껏 제가 제일 재미있게 읽은 책은 『명정
40년』입니다. 제목 그대로(술 취할 '명醒', 술 취할 '정酊'), 당대의 소문난 주
당이었던 수주 변영로 선생이 술 때문에 겪은 40년간의 사건 사고를 솔
직히 적어 둔지라, 읽어도 읽어도 질리지가 않습니다. 그 가운데 최린과
의 일화 한 토막. 최린은 3·1운동 당시 민족 대표 33인이었던 한국 사회
의 엘리트인데(화가 나혜석과의 스캔들로도 유명하답니다), 훗날 변절하여
친일 부역에 앞장서지요. 다들 분개하면서도 맨 정신으로는 아무도 시
비를 따지지 못했습니다. 총독부의 서슬 퍼런 권력이 두려우니까요. 그
런데 하루는 주점 2층에서 술을 마시던 청년 수주 선생이 1층에 내려가
최린의 바둑판을 엎어 버리고 사람들 앞에서 큰소리로 면박을 주었다는
군요. 술에 만취하여 그럴 용기가 났던 겁니다.

에라스뮈스는 '술 속에 진실이 있다(in vino veritas, 인 비노 베리타스)'
라는 라틴어 격언을 소개합니다. "사람이 많이 취하면 감췄던 속내를 드
러낸다는 말이다. 술이 있는 곳에 비밀은 없기 때문이다. … 술을 많이
마신 사람은 자신의 비밀을 드러낼 뿐만 아니라 다른 사람에 대한 자신
의 생각을 쏟아낸다."

라파엘로의 걸작 〈아테네 학당〉을 패러디해 보았습니다. 배경의 홍
예문을 포도주 병으로 바꾸고, 손에 손에 포도주 잔을 들렸지요.('인 비
노 베리타스'에서 '비노'는 '비눔vinum'이라는 형태로 사전에 나옵니다. 술은 술
인데 포도주라는 의미지요. 그때 사람들은 포도주를 먹었으니까요.) 라파엘로

143

는 일종의 드림팀 또는 올스타전과 같은 벽화를 그리고 싶었나 봐요. 자기 그림에 고대 서양의 스타 지식인들을 총출동시켰어요. 그림 왼쪽에 보이는 이가 소크라테스고요, 계단 오른쪽에 널브러진 사람이 디오게네스입니다. 소크라테스는 똑똑해 보이는 유명인을 쫓아가 그 사람의 무지를 사람들 앞에서 들춰내곤 하였고, 디오게네스는 알렉산드로스 대왕 앞에서 "햇볕을 가리지 말고 좀 비켜 달라"고 말해서 사람들을 놀라게 했어요. 감춰진 진실을 꼬치꼬치 들춰내고, 그 때문에 미움을 받았습니다. 에라스뮈스는 이렇게 덧붙였어요. "아무도 당신에게 진실을 말해 주지 않더라도, 다음 셋은 예외다. 어린아이, 술 취한 사람, 그리고 미친

라파엘로 산치오, 〈아테네 학당〉, 1509-1511년(바티칸 궁전 벽화)

사람." 권위를 내세우는 점잖은 분들은 진실을 불편해합니다. 아니, 어쩌면 두려워하는 걸지도 모르죠. 어린아이처럼 눈치 없이 따져 묻던 소크라테스는 사형당했고, 미치광이 행세를 하던 디오게네스는 추방당해 떠돌이 신세가 되었습니다.

최린에게 술주정을 부린 수주 선생의 이야기로 돌아갑시다. 주위 사람들이 크게 걱정했답니다. 만취한 청년이 권력자에게 '행패'를 부린 셈이니까요. 그러나 최린은 그 일로 해코지를 하지는 않았다는군요. 수주 선생은 생각합니다. 최린 그에게도 일말의 양심이 남아 있던 건 아닐까라고.

진실과 검증

라틴어 베리타스veritas는 '진리'라는 뜻. 서양 미술에 '누다 베리타스(nuda veritas, 벌거벗은 진리)'라는 도상이 있어요. 감출 것이 많은 거짓된 사람은 옷을 잔뜩 껴입고 당당한 사람은 훌렁훌렁 누드로 다닌다고 고대 그리스 사람들은 생각했대요. 서양 미술에서 누드 그림을 단지 야한 그림이라 치부하기 곤란한 이유래요. 이걸 핑계 삼아 야한 그림을 찾는 자들도 있겠지만.

프랑스어 베리테 vérité : 베리타스의 조카뻘 되는 단어. 여기서 나온 이름이 시네마 베리테Cinéma vérité, 다큐멘터리 영화의 사실성을 강조하던 영화 운동. 극영화에도 영향을 주어 '시네마 베리테 스타일'을 탄생시켰습니다.

verify, verification : 영어로 verify는 '검증하다'의 뜻. verification은 '검증'이라는 명사. 가설을 세우고 검증한다고 할 때 이 말을 사용합니다. 오늘날 자연 과학과 사회 과학의 열쇳말 중 하나.

19

▶

유명인사가 된 에라스뮈스

『격언집』과『우신예찬』으로 베스트셀러 작가가 된 에라스
뮈스. 쉰 살이 되던 1516년에야『신약성서』를 출판했습니다.
여러 판본의 그리스어 텍스트를 에라스뮈스가 문헌학적으로 바로
잡은『그리스어 신약성서』와 자기가 다시 번역한『라틴어 신약성서』
가 함께 나왔습니다.

세 가지 책 덕분에 에라스뮈스는 인디 지식인으로 자리매김하였
습니다. 아울러『엥키리디온』이나『기독교 군주의 교육』같은 책들
도 주목을 받았습니다. 물론 그렇다고 당장 부자가 된 것은 아니지
만 말이죠. 이 무렵 쓴 편지에서 그는 "나의 영원한 배우자는 지독한
가난"이라고 불평했어요. 몇 년 전의 곤궁을 생각하면 엄살처럼 보
이지만 말이죠.

아무려나 에라스뮈스는 꿈을 이뤘습니다. 국제적인 명성을 얻었
으니까요. 1516년에 그가 들은 찬사들은 이렇습니다. "스위스 사람
들은 에라스뮈스를 한 번 보았다는 것을 엄청난 영광으로 생각했다"

는군요. 영국에서는 『우신예찬』을 최고의 지혜로 인정하고 있다"고
했고요. 1517년에는 "독일의 모든 학자들은 에라스미아니Erasmiani"
라는 말도 등장합니다. 에라스미아니란 말은 '에라스뮈스주의자들'
정도로 옮길 수 있겠군요.

천덕꾸러기였던 혼외 자식이 유럽 어느 나라에서건 환영받는 작
가가 되었습니다. 이제 과거의 고생을 웃으며 회상할 수 있는 때가
왔지요. 우리는 그가 얼마나 오랫동안 고생했는지 보았습니다. 그러
나 그는 달콤한 성공을 오래 누릴 운명이 아니었어요. 그와 그가 익
숙하던 세계가 몰락할 날이 코앞에 닥쳐왔으니까요. 허무한 노릇입
니다. 그러나 본디 성공이란 그런 것일지도 모르죠.

이 역시 언젠가는 회상하기 즐겁겠지

'아마 이 역시 언젠가는 회상하기 즐겁겠지(forsan et haec olim
meminisse iuvabit, 포르산 에트 하이크 올림 메미니세 유바비트)'라는 라틴
어 시구가 있습니다. 전쟁으로 나라도 잃고 풍랑으로 죽을 고비를 넘
긴 트로이아 유민들에게, 영웅 아이네아스가 건넨 말이래요. "그대들
은 이보다 더한 일도 겪었소. 신께서 이번 일도 끝내 주실 것이오. … 아
마 이 고생도 언젠가는 즐거운 추억거리가 될 것이오."(『아이네이스』 1권,
199~203행, 천병희 옮김) 고생 끝에 위대한 도시를 세우게 되리란 예언을
듣고, 이들은 마음을 달랩니다. 그 도시가 바로 유명한 로마.

"이 역시 언젠가는 추억이 되리라." 글쎄요, 말은 좋죠. 고진감래(苦盡甘來)라는 말이 있습니다만, 과연 얼마나 더 쓰라린 날[苦]들을 쇠어야 달콤한 날[甘]이 온단 걸까요?

가끔은 악용되는 말이기도 하고요. 파이를 키운 다음 몫을 나누자느니, 성장이 먼저고 분배가 나중이라느니, 실현 안 될 약속들 참 많죠. 아프니까 청춘이라고요? 오늘만 고생하면 행복한 내일이 올까요? "무리여! 동무여! / 내일은 없나니."(윤동주, 「내일은 없다」)

옛 서사시에서는 넵투누스 신이 나타나 바다에서 고통받는 트로이아 유민을 구하지만(1권 124~156행), 1816년 프랑스의 메뒤즈호가 좌초했을 때 현실은 끔찍했습니다. 높으신 분들이 구명보트로 달아난 뒤, 뗏목에 몸을 실은 147명은 서로 죽고 죽이며 15명으로 줄었다죠. 이들은 죽은 동료의 살을 길게 썰어 육포로 만들어 살아남았대요.(제리코의 걸작 〈메뒤즈호의 뗏목〉은 이 사건을 그린 그림입니다.) 이런 생지옥을 거친 이에게 아이네아스의 위로가 먹힐는지요.

사실 아이네아스 자신도 고생만 하다가 죽었어요. 베르길리우스의 『아이네이스』를 번역한 천병희 선생은 역자의 말에 이렇게 덧붙였어요. "아이네아스는 온갖 노력에도 불구하고 로마 제국을 세우지는 못하고 … 라비니움이란 도시를 세운 뒤 3년 동안 통치하다가 세상을 떠난다"고요.

물론 우리는 알고 있습니다, 희망찬 내일 따위는 없다는 것을. 고통이 과거에 지은 죄의 결과가 아닌 것과 마찬가지로(죄 없는 이들의 고통을 보세요), 고통이 미래의 행복을 가져다준다는 보장도 없잖아요.

우리는 현실을 알지만, 위안의 말에 억지로라도 속아 줍니다. 마음을 달래는 위로는 달콤하니까요. 그 한갓된 빈말에 온 마음을 걸어 버리면 곤란하겠지만.

테오도르 제리코, 〈메뒤즈호의 뗏목〉, 1818~1819년(루브르 박물관, 파리)

까다로운 '기억'

'언젠가 이 역시 추억이 되리라'는 의미로 쓰인 '아마 이 역시 언젠가는 회
상하기 즐겁겠지(forsan et haec olim meminisse iuvabit, 포르산 에트 하이크 올림
메미니세 유바비트)'라는 라틴어 시구. 여기 사용된 '메미니세(meminisse, 기억
하기)'라는 단어는 문법적으로 까다롭습니다. '-isse' 꼴은 라틴어 동사의 완
료부정사 어미. 시점은 '앞날의 언젠가'인데 왜 과거를 의미하는 '완료부정
사'를 썼을까요?

'기억하다'는 뜻의 라틴어 동사 메미니memini의 특징입니다. 형태는 과거인
데 의미는 현재. 과거 일어난 일을 현재 기억하고 있기 때문이지요. 유명
한 표현 메멘토(memento, '기억하라')는 이 동사의 명령형입니다.

조카뻘 되는 단어가 많습니다. '기억'에 관련된 영어의 memorandum,
memo, memory 등도 한 가족이 되는 낱말이지요.

[막간의 장]

에라스뮈스의 사랑 이야기

--------------- ◆ ---------------

1. 사랑은 정신 나간 짓?

2. 어쩌면 '금지된 사랑'이었나

3. 사랑보다 귀한 것은 무엇인가

4. 에라스뮈스와 신

1 사랑은 정신 나간 짓?

지금까지 우리는 에라스뮈스의 긴 시련과 짧은 성공에 대해 살펴 봤어요. 그의 몰락으로 넘어가기 전에, 잠시 옆길로 새겠습니다. 에라스뮈스의 사랑에 대해 알아보죠.

별도의 부분으로 다루는 이유는, 그의 사랑에 대해 우리가 확실히 아는 사실이 없기 때문입니다. 지금부터 나올 이야기는 빈약한 근거에 기댄 추측일 뿐이에요. 진지하고 검증된 내용만 바라시는 독자라면 이 부분을 건너뛰어도 좋겠습니다.

에라스뮈스는 남녀 사이의 사랑에 대해 별로 언급하지 않았어요. 가끔 한마디 하더라도 부정적인 말을 하죠. 어떤 사람은 에라스뮈스의 비관적인 견해에 동의할 것이고 어떤 사람은 동의하지 않겠지만요.

| 격언 이야기 |
베누스의 맹세

"낯선 이로서 나는 왔노라, 낯선 이로서 다시 떠나노라…." 슈베르트는 빌헬름 뮐러의 시에 곡을 붙였습니다. 슬픈 단조로 시작한 가락은 희망찬 장조로 바뀝니다. "소녀는 사랑을 이야기했고, 어머니는 결혼마저 말했지. 소녀는 사랑을 이야기했고, 어머니는 결혼마저 말했어!" 그러나 희망의 절정에서 노래는 갑자기 단조로 돌아가지요. "이제 세상은 어

둑하고 길은 눈에 파묻혔네." 연가곡 〈겨울 나그네〉의 첫 번째 노래 〈밤 인사〉입니다. 연인에게 버림받은 남자는 방랑의 길에 나섭니다. 어두운 겨울, 어두운 밤.

밤은 연인들의 시간이기도 합니다. 그림을 보세요. 달 아래 사랑을 속 삭이는 두 사람을 에라스뮈스가 지켜보네요.(밤이라 적외선 고글을 썼지 요.) 그러나 똑똑하다는 에라스뮈스도 연인들의 속내는 끝내 알지 못할 겁니다. 이 패러디 그림의 원작은 혜원 신윤복이 그린 〈월하정인도〉. "이 그림은 로맨스가 있다고 하는 그림으로… 어딘지 소설적인 흥미가 있어 옛날부터 유명했습니다."(이동주) 그림 왼쪽 언저리에는 원래 "두 사람의 마음은 두 사람이 알렷다(兩人心事兩人知, 양인심사양인지)"라는 시 구가 적혀 있어요. 그런데 이 두 사람인들 서로의 마음을 속속들이 알까 요?

"도무지 알 수 없는 한 가지, 사람을 사랑한다는 그 일. 참 쓸쓸한 일 인 것 같아…." 양희은은 〈사랑, 그 쓸쓸함에 대하여〉에서 이렇게 노래 합니다. 사랑의 마음은 정확하게 알 수도 없고 믿을 수도 없으며 예측할 수도 없죠. 언제 터질지 알 수 없는 불발탄처럼, 언제나 불안합니다. 때 때로 상처가 되어 돌아오고요. "사랑이 끝나고 난 뒤에는 이 세상도 끝 나고, 날 위해 빛나던 모든 것도 그 빛을 잃어버려…."

에라스뮈스는 '베누스의 맹세(Venereum iusiurandum, 베네레움 유스유 란둠)'라는 라틴어 격언을 소개합니다. "사랑의 거짓 맹세는 처벌되지 않 는다. 이 말의 의미는 그러니까 사랑의 맹세는 구속력을 갖지 않으며 신 들도 이 맹세를 그다지 진지하게 받아들이지 않기 때문에, 그것이 말처

럼 이루어질 것이라고는 생각지 않는다는 뜻"이라나요. 다만 현실이 그
럴지언정 거짓 맹세를 남발해도 된다는 뜻은 아니겠죠. 나도 상대도 상
처를 입으니까요. 세상 누구나 사랑앓이로 아프게 마련이지만, 그걸 안
다고 내 상처가 안 아픈 건 아니잖아요.

　그런데 가장 괴로운 순간에조차 사랑은 황홀한 체험이라는 의견도 있
습니다. 〈낭만에 대하여〉에서 최백호는 노래합니다, 실연조차 달콤했
노라고. "이제 와 새삼 이 나이에, 실연의 달콤함이야 있겠냐마는." 하
지만 이 노래를 1823년의 괴테가 들었다면 "나이가 무슨 문제냐"고 혀를
찼을지도 모르죠. 괴테는 일흔네 살에 열여덟 살 소녀를 사랑하여, 그
녀에게 청혼까지 하거든요. 물론 이 청혼은 거절당했지만(다행입니다),
괴테는 만년에 찾아온 이 '실연의 달콤함'을 「마리엔바트 비가」란 작품
으로 승화시킵니다. 예술에는 사랑이 힘이 되는 걸까요? 사랑을 하려면
용기가 필요한지도 모르겠군요.

2   어쩌면 '금지된 사랑'이었나

혹시 에라스뮈스는 동성을 좋아했을까요? 그래서 사랑에 대해 이야기하기를 피한 걸까요? 근거는 약합니다. 그러나 그의 전기를 쓰며 하위징아도 비슷한 추측을 했어요.

20대 초중반, 수도원 학교에 다니던 시절. 에라스뮈스는 동료 학생인 세르바티우스에게 '뜨거운 우정'을 느낍니다. "에라스뮈스는 세르바티우스에게 편지를 쓰면서 열렬한 사랑에 빠진 애인의 모든 감정을 토로했다. 친구의 모습을 머릿속에서 상상하면 눈물이 갑자기 튀어나왔다고 적었다. 그는 울면서 친구가 보낸 편지를 한 시간마다 다시 읽었다고 심경 고백을 했다." 이 대목을 읽으며 이런저런 '추측'을 하는 것도 당연한 일 같습니다.

반론도 만만치 않습니다. 우선 이것만 가지고 '우정 이상의 감정'이 있었다고 확신하기는 어렵겠지요. 동의는 안 되지만, "이 열정적인 편지들이 글쓰기 훈련에 지나지 않았다는 해석도 있다"고 하고요. 당시 남자들끼리 우정을 과시하는 방법이 오늘날 보기에 낯선 것도 사실입니다. "두 임금이 함께 잠자리에 들었다"라는 중세 시대의 기록은 요즘 식으로 하면 "정상회담을 마치고 함께 산책을 했다" 정도에 해당한다고 해요. 요컨대 세르바티우스를 좋아한 것은 사실이지만, 어디까지나 친구로서 좋아했으리라는 반론이죠.

진실은 무엇일까요? 모릅니다. "에라스뮈스는 그런 과도한 애정을 절제해야 했다. 세르바티우스는 그토록 질투심 많고 과도한 우정은 받아들일 수 없다고 했고, 그래서 젊은 에라스뮈스는 … 창피와 굴욕감을 느끼면서 그런 애정을 포기했을 것이다." 하위징아는 이 경험이 에라스뮈스의 글쓰기에도 영향을 주었다고 봅니다. 이 일 때문에 에라스뮈스는 "훗날 감정 표현을 철저하게 경계하는 사람이 되었을 것이다. 에라스뮈스의 감상적인 태도는 영원히 사라졌고, 그 자리에 재치 넘치는 라틴어 학자가 들어섰다"고 썼으니까요.

여기 소개할 라틴어 시구 '포르투나티 암보'는 『격언집』에 나오는 구절이 아니에요. 이런 내용을 책에 쓰기에는, 중세 기독교 사회는 동성애에 가혹했으니까요. 하지만 그렇지 않은 시대도 많았죠. 동성애도 이성애도 자연스러운 사랑의 형태로 본 고대 그리스가 대표적입니다. 그리스 문화를 본받은 로마 역시 마찬가지고요.

| 격언 이야기 |
행복한 두 사람

6월이면 세계 곳곳에서 퀴어 퍼레이드가 열립니다. 행사를 이 시기에 맞추는 까닭은 스톤월 싸움을 기념하기 위해서래요. 1969년 6월, 단속을 한다며 뉴욕의 '게이 바' 스톤월에 경찰이 들이닥치자 범죄자 취급을 받은 시민들은 폭발했어요. 며칠 동안 격렬한 시위가 이어졌지요. 성 소수자들은 이전처럼 자신의 정체성을 부끄러워 않고 당당히 싸움에 나섰습니다. 이듬해 이 사건을 기념하며 거리 행진을 한 것이 퀴어 퍼레이드의 시작. 점잔 빼는 분들은 "세상 말세"라며 탄식하시겠지만, 사실 옛 서

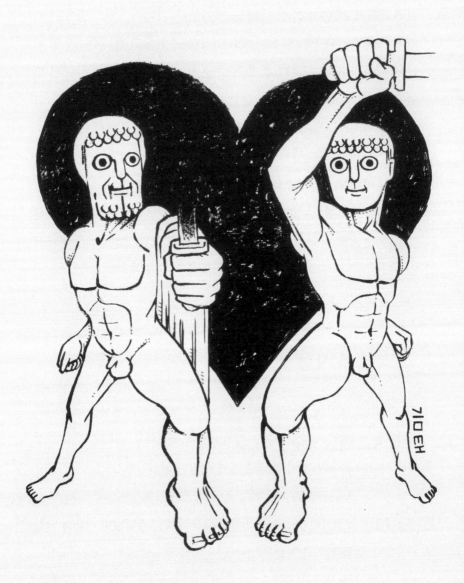

양에서 동성애는 떳떳한 일이었어요.

니수스와 에우리알루스. 로마의 건국 서사시 『아이네이스』에 나오는 젊은 영웅입니다. 서로 사랑하는 사이였던 두 남자는, 적의 포위망을 뚫고 원군을 청하러 가는 위험한 일을 맡았어요. 깊은 밤 적진을 돌파하던 중 에우리알루스가 붙잡혔지요. 니수스는 혼자 빠져나갈 수 있었지만 적진 한가운데로 돌아왔고 사랑하는 에우리알루스와 함께 죽었습니다. "행복하여라, 이 두 사람은(fortunati ambo, 포르투나티 암보)." 시인 베르길리우스는 이 연인들을 불멸의 존재로 드높였습니다. "두 사람은 행복하도다! 만약 내 시에 어떤 힘이 있다면 / 그대들이 후세 사람의 기억에서 지워지는 날은 결코 오지 않을 것이오…."(『아이네이스』, 9권 446~7행)

그림 속 두 사람은 하르모디오스와 아리스토게이톤입니다. 아테네 시민들은 이들을 기리기 위해 조각을 세웠어요. 독재자 히파르코스를 살해한 사람들인데, 전승에 따르면 이들 역시 동성 커플이었대요. 오늘날 민주주의는 옛 아테네의 정치로부터 많건 적건 영감을 받았으니, 우리는 아테네 민주화의 물꼬를 튼 이 커플에게 빚을 진 셈이죠.

사랑에 빠진 사람은 때로 용감한 투사가 됩니다. 로마의 'fortunati ambo, 행복한 두 사람'은 자기 민족을 지키기 위해 싸웠고 그리스의 두 영웅은 독재 타도에 앞장섰어요. 플라톤은 『향연』에서 "사랑하는 사람들로 구성된 군대는 최강의 병력이 되겠지, 서로를 지키기 위해 목숨을 걸고 싸울 테니까"라고 썼지요. 오늘날은 어떨까요? 퀴어 퍼레이드가 펼쳐지는 세계 곳곳에서 시대의 편견에 맞선 성 소수자의 싸움은 계속됩니다.

이런 이야기를 꺼내면 "예끼! 네가 퀴어라서 그런 편향된 생각을 가지게 된 거냐?"고 되묻는 분들이 꼭 있더군요. 나는 퀴어는 아니지만 그들의 싸움을 지지합니다. 결국 그들의 인권을 위한 싸움은 내 인권을 위한 싸움이니까요. 무엇보다도 소수자 문제에 대해 입을 열 때마다 "나는 퀴어는 아니지만"처럼 단서를 달지 않아도 되는, 그런 사회를 하루빨리 보고 싶네요.

〈하르모디오스와 아리스토게이톤〉, 고대 그리스 청동상의 로마 시대 복제품(영국 국립박물관)

복된 두 사람에서 양서류까지

'포르투나티 암보(fortunati ambo, 복된 두 사람).' '포르투나티'는 '복되다'는 형용사, '암보'는 '둘'. 눈썰미 좋은 독자는 두 단어의 어미가 다른 것을 눈치채셨겠지요. '포르투나티'는 '포르투나투스'의 복수형이고 '암보'는 드물게 보는 '양수형'입니다. 옛날 옛적에는 복수(여럿), 단수(하나) 말고 양수(둘)도 있었대요. 라틴어를 쓰던 시대만 해도 거의 사라졌는데, 가끔 '암보'처럼 흔적이 남은 단어가 있어요. 복수로 '암비ambi'라고 쓰기도 하죠.

ambidextrous : ambi는 '둘', 라틴어로 덱스터dexter는 '오른쪽'을 뜻하는 형용사. '두 손 다 오른쪽'이라니 무슨 뜻일까요? 양손 다 잘 쓰는 '양손잡이'를 가리킵니다.

ambivalent, ambiguous : '둘'이라는 의미가 들어갑니다. ambivalent는 '두 가지 감정', 즉 '서로 엇갈리는 반대 감정이 동시에 있다'는 뜻의 형용사. '좋기도 하고 싫기도 한', 또는 '사랑하기도 하고 미워하기도 하는', '애증이 엇갈리는' 따위로 옮기면 좋습니다. ambiguous는 '양쪽으로 이끌어 간다'는 뜻에서 '애매모호하다'는 의미의 형용사가 되었습니다.

amphibian : 라틴어 ambi는 고대 그리스어의 암피(ἀμφί, amphi)와 같은 말. 그리스어로 비오스bios는 '삶, 생명'. 합하여 amphibian은 '양쪽에서 산다'는 뜻의 형용사. 물에도 살고 뭍에도 살고, 양쪽 모두 서식(棲息)하는 동물인 양서류(兩棲類)를 의미합니다.

3 사랑보다 귀한 것은 무엇인가

하나 확실한 것은, 에라스뮈스의 성 정체성을 확실히 알 근거가 없다는 사실입니다. 어쩌면 에라스뮈스는 동성애건 이성애건 사랑에 관심이 없었을지도 몰라요. 사랑이 주는 즐거움을 부질없다고 보았을 수도 있죠. 워낙 공부를 즐기던 사람이었고, 공부하면서 느끼는 즐거움이 그에게 더 귀한 것이었을 수도 있어요.

에라스뮈스가 사랑에 대해 잘 이야기하지 않았던 이유도 이렇게 생각해 볼 수 있어요. 사랑이라는 주제를 애써 피했다기보다, 큰 관심이 없었기 때문이라고요. 대신 공부의 즐거움에 대해서라면 에라스뮈스는 누가 시키지 않아도 줄줄 이야기합니다.

저는 동의하기 좀 어렵군요. 사랑이 더 큰 즐거움을 주는 것 같은데 말이에요. 어쩌면 제가 평범한 사람이라서 에라스뮈스를 이해하지 못하는 것일지도 모르죠.

| 격언 이야기 |
아도니스의 정원

에라스뮈스는 '아도니스의 정원(Adonidis horti, 아도니디스 호르티)'이라는 라틴어 격언을 소개합니다. "이 말은 이렇다 할 뚜렷한 쓸모는 없이, 그저 잠깐 머무는 즐거움에 아부하는 물건을 가리킨다." 아도니스는 신화에 등장하는 미남자였어요. 그리스 로마 신화에 나오는 미소년

들이 하나같이 끝이 좋지 않은 건(어차피 나랑은 상관없는 일입니다만), 젊
음과 미모가 '순간'과 '쾌락'을 연상시키기 때문이겠지요. '순간의 쾌락'
에는 뒤탈이 따르기 마련이니까요. 아니나 다를까, 시인 오비디우스에
따르면 아도니스는 그 미모 덕분에 베누스 여신의 연인이 되지만, 또 그
때문에 다른 신의 질투를 샀다죠. 결국 사냥터에서 멧돼지한테 받혀 목

숨을 잃게 됩니다.

아도니스가 죽어 갈 때, 그의 연인이었던 베누스 여신이 나타나 이 꽃미남을 꽃으로 바꿔 줬대요. "그러나 이 꽃은 피기가 무섭게 곧 지고 만다. 꽃은 산들바람만 불어도 그 대에서 떨어졌다." 그래서 사람들은 그 꽃을 아네모네, 곧 바람꽃이라 불렀어요.(그리스 말로 바람이 '아네모스'거든요.) 슬프고도 아름다운 이야기입니다.

'순간의 쾌락을 거부한다면 더 나은 행복이 찾아오리라'고 우리는 배웠어요. 물론 지당한 말씀입니다. 하지만 더 나은 행복이란 게 과연 뭘까요?

『아낌없이 주는 나무』를 쓴 셸 실버스타인이 재미난 시를 지었어요. "바니안나무의 도깨비가 / 레스터더러 소원을 말하라고 했대. / 레스터는 소원 둘을 더 들어주는 게 소원이라고 했지. / 영리한 덕에 소원 하나 대신 셋을 얻었지 뭐야." 이 약삭빠른 친구는 복리로 이자를 놓듯 소원을 거푸 불려 갑니다. 소원 하나마다 소원 셋을 벌고, 다시 소원을 셋씩 벌어, 나중에 "오십억 칠백일만 팔천서른네 가지"의 소원을 확보했다나요.(3의 배수가 되어야 할 텐데, 계산이 좀 이상하군요.)

그러나 현재의 쾌락을 거부하는 것만이 능사는 아닌가 봐요. "그러던 어느 목요일 밤 / 그는 소원에 둘러싸인 시체로 발견되고 말았대. / … 사과, 뽀뽀, 신발 같은 것들이 세상에 가득한데 / 레스터는 소원을 비는데 소원을 낭비했던 거야." 소원을 버느라 바빠, 행복은 누리지도 못하고 생을 마쳤군요. 내일 마시멜로를 한두 개 더 먹기 위해 오늘의 마시멜로를 희생하라는 교의가 언제나 정답이 되지는 않네요.

아도니스를 한갓된 꽃으로 만든 베누스 여신. 피렌체의 화가 보티첼리가 그린 〈베누스의 탄생〉을 패러디해 그려 봤어요. 그 시절 피렌체의 지식인들은 플라톤의 철학을 좋아했지요. 플라톤의 『향연』에 따르면 우리는 사랑의 힘을 통해 영원한 아름다움을 만나게 된대요. 사랑의 신은 에로스이고 사랑의 여신은 아프로디테지요. 그 로마 이름이 베누스고요. 그래서 보티첼리의 작품에 당시의 신플라톤주의가 반영되어 있다는 의견도 있어요.(아휴, 어렵군요.)

영원한 아름다움은 우리에게 영원한 기쁨을 주겠죠? 하기야, 그런 즐거움을 얻을 수 있다면 순간의 쾌락쯤 누가 아쉬워하겠습니까. 거꾸로, 영원한 기쁨을 얻지 못할 것이라면 누가 순간의 쾌락을 거부하겠습니까. 아도니스의 한철 사랑을 굳이 거절할 이유도 찾기 어려운 것은 마찬가지 같습니다.

산드로 보티첼리, 〈베누스의 탄생〉, 1482~1485년(우피치 미술관, 피렌체)

로마의 군대와 흡연자들

'아도니스의 정원(adonidis horti, 아도니디스 호르티)'이란 푸성귀를 깨진 화분 조각에 심어 둔 것. 금세 시들지요.

court : 라틴어 호르티horti는 정원의 복수꼴. 단수는 호르투스hortus. '함께'라는 뜻의 코(co-)를 붙여 라틴어 코호르스cohors는 '여럿이 쓰는 정원'. 그 손주뻘 되는 영어 court는 '법정' 또는 '궁정', 또는 운동장이라는 의미의 '코트'.

역사 용어 코호르스 cohors : 한편 라틴어 코호르스에는 연병장을 같이 쓰는 사람들, '대대'라는 뜻이 있습니다. 백인대(centuria, 켄투리아)가 여럿이면 수백 명이 모인 대대(코호르스)가 되고, 대대가 여럿이면 수천 명이 모인 로마 군단(legio, 레기오)이 됩니다.

의학 용어 코호트 cohort : 질병의 원인으로 의심되는 위험 요인에 노출된 집단과 노출되지 않은 집단을 나누어(예를 들면 '담배를 피는 집단과 담배를 피지 않는 집단') 각각을 '코호트'라고 부르며 시간을 두고 추적 조사하는 연구를 '코호트 연구'라고 합니다.

4　에라스뮈스와 신

여기서 잠시 생각해 볼 문제. 에라스뮈스는 "신에 대한 사랑은 아무리 지나쳐도 나쁠 것이 없다"고 주장합니다. 글쎄요, 인간을 중시하는 '인본주의자(휴머니스트)'에게 어울리는 말일지요?

에라스뮈스의 신앙심이 진지한 것은 사실. 나이 들어 그리스어 공부를 시작하고 성서 연구에 몰두한 일을 보면 그래요. 신학이란 것이 당시만 해도 책을 읽고 진리를 탐구하던 학문이었기 때문일지도 모르겠습니다.

에라스뮈스는 당시의 이른바 독실한 신자들과는 달랐던 것 같아요. 에라스뮈스는 성직자였지만 교회에 붙어 있어야 할 의무에 충실하지도 않았고, 순교자가 될 생각 같은 건 없다고 대놓고 이야기했으며, 그리스 로마 '이교도'의 문헌을 탐독했지요. 그런 그가 말하는 '신에 대한 사랑'이란 무엇이었을까요. 그리고 당시의 독실한 사람들에게 에라스뮈스는 어떻게 보였을까요.

| 격언 이야기 |
결코 지나치지 말라

자하 하디드는 이라크 출신의 유명한 현대 건축가입니다.(동대문운동장 터에 지은 〈동대문디자인플라자〉의 외관도 그의 작품입니다.) 하디드의 설계 중에 처음 완공된 건물은 독일과 스위스 접경에 있는 〈비트라 공장

의 소방서〉. 이 작품의 주제는 특이하게도 '직각이 없는 건물'. 벽이란 벽은 모두 기울고 바닥도 비뚤고 천장도 일그러져, 정말로 이 건물에서 직각이라곤 찾아볼 수 없습니다. 욕실의 벽까지 기울어져, 저래 가지고 샤워나 할 수 있을까 걱정이 되더군요.

그런데 얄궂은 일입니다. 이 소방서 건물을 보고 나오는 사람의 머릿속은 직각에 대한 생각으로 가득하거든요. 지나친 직각의 부재야말로, 끊임없이 직각을 상기시킵니다. 지나치게 부족하다는 것은 지나치게 많은 것과 통하니까요.

약도 운동도 지나치게 많으면 독이 되는 법. 동양이나 서양이나 예부터 중용과 균형을 강조한 것은 이런 까닭이겠죠. 에라스뮈스는 '결코 지나치지 말라(ne quid nimis, 네 퀴드 니미스)'라는 라틴어 격언을 소개합니다.(그리스 말로는 '메덴 아간'.) "이 금언이야말로 모든 사람이 익히 알고 있다"면서, 에라스뮈스는 많은 고전 문헌을 인용합니다. 지나친 사랑은 지나친 미움과 같고(아리스토텔레스), 지나친 칭찬은 지나친 비난처럼 불쾌하다지요(호메로스). 시인 호라티우스는 "덕이란 지나침에서도 모자람에서도 언제나 같은 거리만큼 떨어져 있다"고 노래했대요. 소포클레스의 시구 중에는 "적을 너무 심하게 미워하지 말며, 그렇다고 잊지도 말라"는 구절도 있지요.

고대 이집트 『죽은 자의 책』 가운데, '영혼의 무게 달기' 장면을 패러디해 봤어요. 죽은 사람의 영혼은 자칼의 머리를 한 아누비스 신의 인도를 받아 저승을 여행합니다. 그는 어떤 인생을 살았나 심판을 받아야 하지요. 원래 파피루스 그림을 보면 저울의 한쪽에는 죽은 사람의 심장이 올라갑니다. 이집트 사람들의 생각으로는 영혼이 심장에 담겨 있다나요.(그래서 미라를 만들 때, 심장과 내장을 따로 카노프스 단지에 담아 보관했겠지요.) 저울의 다른 한쪽에는 정의와 질서·균형을 상징하는 마아트 여신의 깃털이 있습니다. 심장이 지나치게 무거워 저울이 기울면, 사자와 하

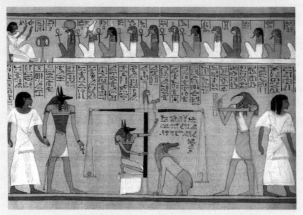
고대 이집트 『죽은 자의 책』 중 '영혼의 무게 달기'

마의 몸을 하고 악어의 입을 가진 무시무시한 암무트 여신이 영혼을 삼켜 버린대요. 저울이 균형을 유지할 때 심판을 통과한다고들 하더군요.

중세 이후 서구 기독교 미술에서도 자주 다루어지던 주제입니다. 심판의 날, 대천사 미카엘이 저울을 들고 영혼의 무게를 달아 보지요. 그런데 이집트의 저울이 균형을 유지하던 것과는 달리, 기독교 미술에서는 저울이 기울어지곤 합니다. 저울 아래로 처진 영혼은 지옥행일 때도 있습니다.(거꾸로 한스 멤링의 작품에서처럼, 가벼운 쪽이 지옥행이기도 합니다. 이 경우에는 '악은 실체가 없고 다만 선이 결여된 상태'라는 사상이 반영되었대요.)

에라스뮈스는 이렇게 덧붙입니다. "모든 일에 지나침은 잘못을 야기하지만 신에 대한 사랑은 예외이다. 아리스토텔레스도 지혜에 대한 사랑을 이야기하며, 비슷한 뜻을 전한다." 막상 예외를 인정하려 하니, 무엇이 예외이고 무엇이 예외가 아닌지 정하는 일도 녹록하진 않네요. 여러분의 생각은 어떠한지요.

종교 개혁의 타오르는 불길 **05**장

에라스뮈스와 권력자들

중세 교회의 위기

무시당한 경고

루터와 에라스뮈스

몰락의 시작

20

에라스뮈스와 권력자들

인디 지식인. 조직에 묶이지 않은 채 공부도 글쓰기도 하고 싶은 대로 할 수 있는 사람. 높으신 분들이 못마땅한 짓을 저지를 때 눈치 보지 않고 못마땅하다고 말할 수 있는 사람. 또는 그런 말을 해야 하는 지식인. 조직에 속한 사람들이 차마 하지 못하더라도, 누군가는 그런 말을 해야 하니까요.

에라스뮈스가 이 일을 잘했습니다. 국제적 명성을 얻은 다음에 말이죠. 로마 교황의 군대가 볼로냐를 쳐들어가고 잉글랜드 국왕이 프랑스와 전쟁을 벌이자 에라스뮈스는 전쟁에 반대하고 평화를 호소하는 글을 썼어요. 어느 궁정에도 매이지 않은 몸이라 가능한 일이었죠.

물론 그의 사회 비판은 한계가 뚜렷합니다. "에라스뮈스처럼 막연한 정치사상을 가진 사람은 군주들을 아주 가혹하게 판단하는 경향이 있다. 왜냐하면 군주가 모든 잘못에 대해 책임을 져야 한다고 생각하기 때문이다." 하위징아에 따르면 에라스뮈스는 당시의 현실 정치를 잘 몰랐대요. "군주들에 대한 가혹한 비판은 그 당시의 정치적 체험에서 우러나온 것이 아니라 그가 읽은 고전 문헌의 가르침에서 나온 것이었다." 그래서 같은 시대 정치에 영향을 주지 못했다는 겁니다.

에라스뮈스의 사회 비판은 순진한 이상주의에 입각한 것이었어요. 마키아벨리의 『군주론』이 출판되던 시절에, 통치자는 도덕적이어야 한다는 『기독교 군주의 교육』 같은 책을 썼지요. 이 점이 그의 한계로 지적됩니다. 반면 요즘 보면 신선하기도 해요. 지금 시대는 이상과 원칙을 언급하는 사람이 너무 없어서 그럴까요.

| 격언 이야기 |
자줏빛 옷을 입은 원숭이

라틴어 푸르푸라(purpura, 영어 purple의 어원), 즉 자줏빛은 보라가 섞인 붉은색입니다. 자줏빛 옷은 고급스러워 보일 뿐 아니라, 실제로도 몹시 비쌌다고 합니다. 고대 서양에서 자줏빛 염료는 작은 뿔소라의 즙을 원료로 만들었는데, 소라 한 마리를 쪼개어 얻는 원료는 고작 두 방울. 그걸 졸여 염료 1그램을 얻으려면 대략 1만 마리를 죽여야 했다나요. 설령 돈이 있더라도 신분이 뒷받침되지 않으면 자줏빛 옷을 입지 못했어요. 로마에서는 황제와 고급 관료만이 자줏빛 외투를 입었고, 서민은 단지 어린이 때때옷의 끝단을 자줏빛으로 장식할 수 있었다지요.

옷가지 문제에 대해 예로부터 권력자들은 크건 작건 힘을 휘둘러야

직성이 풀리나 봐요. 때로는 무소륵스키의 가곡 〈벼룩의 노래〉에서 풍자하는 것처럼 임금님의 애완용 벼룩이 맞춤 외투를 입기도 하고, 때로는 '벌거벗은 임금님' 이야기처럼 임금님 스스로 옷을 벗기도 합니다. 입건 벗건 권력 없는 '천민'들은 머리를 조아려야 할 따름이지요. 임금님들은 잘 모르나 봅니다, 자기들이 그럴수록 더 큰 비웃음이 돌아오리란 사실을.

온 유럽에서 낡은 권력자들을 몰아내겠다며 열렬한 호응을 받았던 사람이 바로 나폴레옹입니다. 베토벤은 〈영웅 교향곡〉을 작곡해 놓고 나폴레옹에게 바칠 생각이었다지요. 그러나 나폴레옹이 황제 자리에 올랐다는 소식을 접하자, "나폴레옹에게 바친다"라고 적었던 악보 첫 페이지를 찢어 버렸다나요. 나폴레옹 스스로는 낡은 자줏빛 외투를 뒤집어쓰며 우쭐했을지 모르지만, 베토벤과 같은 이들의 비웃음거리가 되고 말았어요.

이 그림의 원작이, 바로 그 나폴레옹의 황제 대관식 장면이지요. '자줏빛 옷을 입은 원숭이(simia in purpura, 시미아 인 푸르푸라)'라는 격언은 내실도 없으면서 권위의 상징을 두르고 다니는 양반들을 비웃는 말입니다. 인문학자 에라스뮈스는 이렇게 덧붙였지요. "사람들은 왕과 제후의 궁전에서 또 다른 종류의 원숭이들도 만날 수 있다. 만약 이들이 걸치고 있는 겉옷과 목걸이, 팔찌 등 장식을 걷어내면 그야말로 돈만 밝히는 형편없는 인간을 보게 되리라."

그런데 그 사실 아세요? 자줏빛은 원래 자연의 무지개 빛깔 안에 존재하지 않는답니다. 태양광선의 스펙트럼은 빨강에서 시작하여 보라로 끝나요. 그런데 이 직선의 스펙트럼을 둥근 색상환으로 만들려면, 빨강과 보라 사이에 제3의 색이 있다고 약속해야 합니다. 그것이 바로 자주색인 거죠. 그러나 실제 태양 광선에는 빨강을 넘어가면 적외선이 있고 보라를 넘어가면 자외선이 있을 따름입니다. 자줏빛은 색상환의 가장 중요한 자리에 군림하지만, 실은 약속에 의해 그 자리를 지키는, 빌려온 제3의 색일 뿐이고요.

권력이란 것도 이와 마찬가지입니다. 사회의 유지를 위해 사람들이 짐짓 동의해 준 것일 뿐, 정말로 존재하는 것이 아닙니다. 사람들이 동의를 철회하면, 권력이란 거짓말처럼 사라지는 겁니다. 시민들이 원하지 않는 위정자, 국민들의 비웃음을 사는 권력자란 허깨비에 지나지 않지요. 이 사실을 애써 모르는 체하며 잠시 맡겨진 권력이 제 것인 양 처신하는 '양복 입은 원숭이'들을 보면 그저 답답할 뿐입니다.

자크 루이 다비드, 〈나폴레옹의 대관식〉(부분), 1805~1807년(루브르 박물관, 파리)

자주, 보라, 분홍

라틴어 푸르푸라purpura는 '자주색'. 영어로는 purple. 가끔 '보라색'이라 옮기는 경우도 있는데, 본디 청보라와는 다른 붉은 기운이 있는 색이에요. 엄밀히 따지면 그렇죠. 물론 별 구별 없이 쓰는 경우도 많이 보았습니다. 비슷한 빛깔 이름의 기원을 살펴보죠.

모브 mauve : 라틴어 꽃 이름 말바malva에서 온 말. 영어로는 mallow, 우리말로는 아욱. 아욱국 맛있죠. 끓여 먹는 것만 알았지 이렇게 예쁜 꽃을 피운다는 사실은 이번에 알았네요. 화학자가 합성한 최초의 합성 염료가 바로 모브색입니다. 19세기 후반에 엄청난 인기를 누렸죠.

마젠타 magenta : 이탈리아의 작은 고을 마젠타의 이름을 땄습니다. 이 색을 합성하기 얼마 전 마젠타 인근 지역에서 이탈리아 통일을 꿈꾸던 자유주의자들이 오스트리아 군대와 싸워 승리했거든요. 마젠타 전투의 승리를 기념하기 위해 지은 이름이라고 하네요.

바이올렛 violet : 라틴어 비올라(viola, 제비꽃)에서 온 이름. 한편 그리스어로 제비꽃은 '이온(íov, ion)'. 여기서 갈라져 나온 말이 영어로 iodine, 우리가 '요오드'라는 이름으로 아는 물질. 옛날 사람들은 요오드와 제비꽃의 빛깔이 같다고 생각했어요.

21
▶
중세 교회의 위기

에라스뮈스가 살던 16세기 초, 중세 그리스도교회는 위기를 맞습니다. 사람들은 책을 많이 읽고 똑똑해지는데 교회는 그 변화를 따라잡지 못했어요. 마침 이때 교황을 지낸 세 사람도 각각 다른 이유로 사람들의 원망을 샀지요.

알렉산데르 6세(재위 1492~1503)는 자기네 보르자 가문을 위해 무리한 수를 쓴다고 비난을 받았어요. 특히 아들 체사레 보르자가 악명 높았죠. 독신을 맹세한 교황에게 아들이라니. 심지어 그 아들이 군대를 이끌고 전쟁을 벌이다니. 게다가 체사레 보르자는 남을 잘 속이기로 유명했어요. 수단과 방법을 가리지 않는 그의 악당 기질을 보고 마키아벨리가 『군주론』을 썼다고 할 정도니까요.

율리오 2세(1503~1513)는 "전사 교황"이라는 별명이 있어요. 남을 시키지도 않고 자기가 직접 군대를 이끌고 이탈리아 도시국가들과 전쟁을 벌였기 때문이죠. 전쟁에 반대하던 에라스뮈스는 특히 율리오 2세를 싫어했어요. 율리오 2세가 죽은 후 「천국에서 쫓겨난 율리오」라는 풍자시를 쓰기도 했죠. 전쟁을 너무 많이 벌인 까닭에 교황인데도 천국에 가지 못한다는 내용이라나요.

레오 10세(1513~1521)는 메디치 가문의 도련님답게 문화와 예술에 아낌없이 돈을 썼어요. 라파엘로나 미켈란젤로를 불러 교황청을 아름답게 꾸몄죠. 문제는 돈을 너무 많이 썼다는 것. 아니나 다를까 재정이 궁핍해진 교황청은 면벌부 장사꾼들이 "면벌부를 돈 주고 사면 벌을 받지 않을 수 있다"고 교리에 맞지 않는 말을 해도 모른 척 내버려 두었고, 생각 있는 사람들은 이 일 때문에 크게 분노합니다.

에라스뮈스 역시 레오 10세 시대의 방만한 재정을 걱정했어요. 이탈리아를 여행할 때는 당대의 예술품에 감탄하는 대신 교황청의 사치를 염려합니다. 면벌부 판매에 대해서도 한탄하는 편지를 친구들에게 보내고요. 에라스뮈스 스스로도 성직자였기 때문에, 고위 성직자의 호화로운 생활에 대해 불만을 가지고 있었습니다.

| 격언 이야기 |
대제사장의 저녁 식사

이런 우스갯소리가 있었죠. "천국이 날씨야 좋겠지만 친구들은 지옥에 많을 듯." 천국과 지옥은 어떤 곳일까요? 거지 소년 허클베리 핀은 자유분방한 생각을 하는군요. "왓슨 여사가 말하기를, 천국에 가면 모든 사람이 온종일 하프를 들고 노래를 부르며 천국을 빙 돈다는 것이다. 나는 별로 그러고 싶은 생각은 없는데. … 혹시 톰 소여는 천국에 갈 것 같

냐고 묻자, 그녀는 (그런 말썽쟁이는 천국에 갈 리 없다고) 답했다. 그 말을 듣고 기뻤다. 나는 톰 소여와 함께 지내고 싶었으니까."(마크 트웨인, 『허클베리 핀의 모험』) 얌전한 아이가 되어 천국에 가느니 개구쟁이 악동으로 살겠다는군요.

종교 이야기를 해 볼게요. 믿음이 도타우면 정성도 지극하지요. 에라스뮈스는 '대제사장의 저녁 식사(pontificalis coena, 폰티피칼리스 코이나)'라는 라틴어 격언을 소개했어요. "풍성하고 화려한 식사"를 부르는 로마 시대부터의 표현이었대요. "아주 오랜 옛날, 최고 제사장의 저녁 식사는 넘치도록 풍성하였으며 온갖 진귀한 음식들로 가득하였다고 한다."

보이지 않는 '고마운 분'을 향한 정성 어린 모습은 어딘지 아름답습니다. 어떤 종교냐에 상관없이요. 그림 아랫부분, 정성껏 담은 수박이니 떡이니 제사상의 모습은 19세기의 조선 민화 〈감모여재도(感慕如在圖)〉에서 땄어요. 〈감모여재도〉란 외지에 떠나온 사람이 제사드릴 때 걸어 놓는 그림이래요.(막상 이 그림은 지금 교토에 있다니 얄궂군요.) 윗부분에는 20세기 미국 화가 그랜트 우드가 그린 〈아메리칸 고딕〉을 새로 그렸습니다. 완고하지만 독실한 미국 중부 농부들이라는데요, 쇠스랑을 슬며시 포크로 바꿔 봤지요.

그러나 가끔, 종교가 사람의 마음에 상처를 주기도 합니다. 기독교도 2천 년이나 된 종교이니, 예외일 수는 없겠죠. 에라스뮈스는 당시 파리에서 유행하던 "사제들의 포도주"라는 농담도 소개합니다. "사제들의 포도주란 매우 독한 술을 뜻한다." 로마의 대제사장을 의미하던 폰티펙스pontifex라는 라틴어 낱말은 나중에 고위 성직자인 '주교'란 뜻으로 바

〈감모여재도〉, 19세기

그랜트 우드, 〈아메리칸 고딕〉, 1930년
(시카고 아트 인스티튜트)

뀌었어요. 일부 종교인들이 초심을 잃고 "백성의 허물을" "밥벌이" 대상
으로 여기게 된 상황에서(「호세아서」 4장), 법률가 출신의 고위 성직자들
이 좋은 몫을 차지하고 "사제들에게는 아무것도 주어지지 않아" 독한 술
이나 마신다는 풍자였대요. 에라스뮈스가 종교 개혁의 시대에 살았다는
걸 생각하면, 꽤나 뼈가 있는 말이군요.

제사장이 풍족함에 너무 익숙해, 풍족한 분들하고만 어울리면 어쩌
죠? 예수도 무함마드도 가난한 자의 편이었지만, 일부 종교인이 압제자
의 편에 서 왔던 것도 사실입니다. 어느 아메리카 원주민 추장은 기독교
로 개종하라는 요구를 받고 이렇게 대답했다나요. "개종하면 천국에 간
다고? 천국에는 백인 침략자들이 있을 텐데! 나는 천국에 가고 싶지 않
다." 오늘날 신앙보다 돈벌이를 앞세우는 듯 보이는 몇몇 성직자 분들이
새겨들어야 할 이야기입니다.

다리를 놓는 사람

라틴어 폰스pons는 '다리'라는 뜻. 명사 변화할 때는 pont- 꼴이 됩니다. 폰티펙스pontifex는 본디 '다리를 만드는 사람'이라는 뜻. 신의 세계와 인간의 세계 사이에 다리를 놓는다는 뜻으로 쓰여 제사장 또는 고위 성직자를 가리키는 말이 되었습니다. (또는 옛날 사람들이 교량을 놓는 일을 거룩하게 여겼다는 설명도 전합니다.) 고위 성직자가 높은 곳과 낮은 곳 사이에 다리를 놓는 대신 스스로 높은 이가 되어 버렸기 때문에 종교 개혁이 일어났다고도 생각해 봅니다.

이탈리아어 폰테 ponte, 프랑스어 퐁 pons : 역시 '다리'라는 뜻. 파리의 명소 '퐁뇌프' 다리는 원래 '새로운 다리'라는 이름인데요, 지금은 센강에서 가장 오래된 다리가 되었습니다. 얄궂네요.

22

무시당한 경고

에라스뮈스는 당시 교회를 비판적으로 봤어요. 교회는 그를 어떻게 봤을까요? 겉으로 교황청은 에라스뮈스에게 잘해 줬습니다. 교황청에 와서 일하라는 제안도 했죠. 에라스뮈스가 유명 인사였으니까요. 그러나 속내도 그랬던 것 같지는 않아요. 『우신예찬』의 풍자는 높으신 분들의 비위를 거슬렀고 『신약성서』는 보수적인 신학자들을 기분 나쁘게 했어요.

진짜인지 아닌지 확인하기는 어렵지만 율리오 2세가 에라스뮈스를 불러다 혼냈다는 이야기도 전합니다. 율리오 2세가 벌인 전쟁을 에라스뮈스가 비판하자 화를 내며 "당신은 군주들의 일에 대해 잘 모른다"고 꾸짖었다는 겁니다. 입바른 소리 뱉는 개인을 좋아할 조직은 별로 없죠. 그런데 교회는 에라스뮈스의 쓴소리에 귀를 기울이고 개혁에 힘써야 했어요. 왜냐하면 그의 조심스러운 풍자와는 비교할 수 없는 크나큰 비판이 이제 곧 몰려올 것이었으니까요.

에라스뮈스는 1517년에 루뱅 대학교의 신학 교수로 임용되는데요, 이때도 보수적인 교수들이 반기지 않았다고 해요. "신의 은총과 군주들의 경건과 지혜가 인간사에 크게 개입하지 않는다면 엄청난 파괴적 현상이 벌어질 것 같아 두렵습니다." 에라스뮈스가 7월에 쓴 글입니다.

그해 연말, 독일 비텐부르크 교회 정문에 교황청의 잘못을 조목조목 따지는 문건이 붙습니다. 수도사 마르틴 루터가 쓴 「95개조 반박문」. 종교 개혁의 시작이었습니다.

| 격언 이야기 |
카산드라의 예언

파울이라는 이름의 문어, 지난 2010년 월드컵에서 독일 대표팀의 경기 결과를 족집게처럼 미리 맞혔다고 눈길을 끌었죠. 승패를 여덟 번 내리 맞힐 확률은 256분의 1. 이쯤 되면 '예언'이라며 입길에 오를 만도 하네요. 다만 경기 전부터 진다는 소리가 반갑지 않은 쪽도 있게 마련이라, 어떤 사람들은 "문어 구이로 만들어 버리겠다"며 협박(?)도 했다죠. 문어에 인간이 일희일비하는 모양새가 좀 우습지만, 불길한 예언을 싫어하는 마음 역시도 인간적이긴 합니다.

서양에는 예부터 '카산드라의 예언'이란 말이 있지요. 카산드라는 트로이아의 공주였어요. 아폴론 신이 그녀를 유혹하고자 '예언의 능력'을 선물했다죠. 그러나 카산드라는 달랑 선물만 받고 사랑은 거절했대요. 아폴론은 화가 났지만, 신 체면에 줬던 선물을 도로 달랄 수도 없는 일.

백발백중의 예언 능력은 그대로 놔두는 대신, 아무도 그녀의 예언을 믿지 않으리라는 '뒤끝 있는' 저주를 덧붙였어요. 결국 불편한 진실만 예언하던 카산드라는 정신 나간 사람 취급을 당했지요.

부정적인 예측을 꺼리고픈 마음이, 옛 동양이라고 달랐겠습니까. 『삼국지』에서 전풍은 원소의 참모였어요. 입바른 소리를 하다 감옥에 가지요. 전풍의 말대로 원소는 관도전투에서 조조에게 크게 졌어요. 주위에선 전풍을 보고 축하했다죠. "이제 당신의 말이 사실로 드러났으니 당신도 중용되시겠구려!" 그러나 정작 전풍 본인은 슬퍼했대요. "원소 장군이… 패배해 수모를 겪게 되었으니 나는 살아나긴 글렀네요."(나관중, 『삼국연의』, 31회) 정사에 따르면, 원소는 돌아와 전풍을 죽이며 이렇게 말했다나요. "내가 전풍의 의견을 쓰지 않았더니, 과연 비웃음을 사는구나."(진수, 『삼국지』, 「위서」, 동이원유전) 얄궂은 일입니다.

미국의 마사 미첼은 "현대판 카산드라"로 불립니다. 워터게이트 사건이 터지고 법무장관 존 미첼이 책임을 덮어쓰자, 그 부인이었던 마사 미첼은 자기 남편은 몸통이 아니라 깃털에 불과하다며 배후에 닉슨 대통령이 있다고 주장했어요. 그런데 마사가 알코올 중독이라는 둥 정서 불안이라는 둥 불리한 언론 보도가 쏟아지면서, 아무도 마사의 말을 믿지 않았죠. 하지만 나중에 워터게이트의 전모가 드러나며, 마사의 말은 사실로 밝혀졌어요.(훗날 심리학에서는 '마사 미첼 효과'라는 개념까지 나왔다죠.)

귀에 거슬리는 입바른 말을 달갑지 않아 하는 마음이야 인지상정. 하지만 듣기 싫은 말을 듣지 않으려던 이들은 결국 아집에 사로잡혀 파국

그리스 도기 암포라에 그린 〈문어〉와 술잔 바닥에 그린 〈살해당하는 카산드라〉

을 맞지 않던가요. "목마를 조심하라"는 카산드라의 경고에 귀 기울였다면 트로이아 사람들의 운명은 달라졌겠죠? 전풍의 쓴소리를 받아들였다면 원소는 조조를 꺾었을지도 모르죠. 마사 미첼을 묵살하려 들지 않고 백악관이 처음부터 진실을 밝혔다면 닉슨이 그렇게 물러났을까요? 그러나 사람들은 번번이 적절한 때를 놓칩니다. 호미로 막을 것을 가래로도 막지 못하는 상황을 맞지요.

23
▶
루터와 에라스뮈스

에라스뮈스는 중세 교회에 개혁이 필요하다고 생각했습니다. 그래도 종교 개혁에 함께하자는 마르틴 루터의 제안을 받고는 당황했을 거예요. 교황청의 잘못에 어떻게 맞설 것인가 그 방법을 두고 생각이 달랐으니까요.

루터 대 에라스뮈스. 불합리한 일을 마주하거나 억울한 일을 당했을 때, 에라스뮈스는 그 상황에 직접 대드는 사람이 아니었어요. 이것저것 따져 본 다음에 우회로를 찾았죠. 어떻게 해야 현명한 대응인지 합리적인 사고를 하는 사람이라고 하겠습니다. 혹은 기질 자체가 싸움을 피하는 사람이었을지도 모르고요. 루터는 반대였습니다. 뒷일은 생각하지 않고 일단 분노를 터뜨리는 스타일이었다고 하죠.

물과 기름처럼 다른 두 사람입니다. 저라면 에라스뮈스처럼 소심하게 굴 것 같아요. 그렇게 해야 잘못을 저지를 가능성이 적으니까요. 하지만 루터처럼 용감한 사람이야말로 세상을 바꾼다는 말도 반박할 자신은 없네요.

어느 때 분노를 참고 어느 때 분노를 터뜨려야 할지요. 정답은 없습니다. 사람마다 기질따라 세계관따라 다르게 반응하겠죠. 일장일단이 있고요. 에라스뮈스 같은 사람과 루터 같은 사람이 짝을 이루어 세상을 바꾸었다면 어땠을까요. 그러나 역사는 전혀 다른 방향으로 흘러갔습니다.

| 격언 이야기 |
작대기를 발로

화가 난다고 가방을 던지거나 방문을 걸어차면 안 돼요. 낭패를 보니까요. 운 나쁘면 문지방에 발톱이 깨지기도 하지요. 더 크게 다칠 수도 있고요.

에라스뮈스는 '작대기를 발로(contra stimulum calces, 콘트라 스티물룸 칼케스)' 걷어찬다는 격언을 소개합니다. 작대기를 뜻하는 라틴어 '스티물루스stimulus'는 단순한 장대가 아니라, 가축을 몰 때 쿡쿡 찌르는 뾰족한 꼬챙이라고 합니다.(오늘날 영어 단어 stimulus는 '자극'을 뜻하지요.) 그러므로 제 성질을 못 이겨 애먼 '작대기'를 발로 걷어차는 일은, 아프고 위험한 짓입니다. 각목을 차는 정도가 아니라, 각목에 박힌 못을 발로 차는 셈이랄까요, 으으.

내 마음의 분노를 달랠 비법이 있을까요? 현대의 임상심리학자 앨버트 엘리스는 고대 철학자 에픽테토스를 주목합니다. 다음은 노예 출신의 현자 에픽테토스가 일러 주는, '마음을 다스리는 법'입니다. 우선 내

힘으로 할 수 있는 일과 그렇지 않은 일을 나눕니다. 괴로운 일이 있을 때 내 힘으로 어떻게 할 수 있는 게 아니라면, 담담히 받아들일 밖에요. '작대기를 발로' 걷어차 봤자, 상황만 나빠지니까요.

예컨대 당신이 어떤 도기 그릇을 아낀다면, 그건 그냥 그릇일 뿐이란 사실을 명심해야 합니다. "그래야 그것이 깨져도 마음이 흔들리지 않으니까"요. "당신이 당신의 아이와 배우자에게 입을 맞출 때면, 그들이 인간이라는 사실을" 잊지 마십시오. 오지그릇은 언젠가 깨지게 마련이고 인간은 누구나 죽는 법, 자연의 법칙은 우리 힘으론 어쩔 도리가 없습니다. 있는 그대로를 받아들여야 그들이 "죽어 떠나더라도 마음이 흔들리지 않을 테니."(에픽테토스, 『엥케이리디온』) 집착과 고통에 대한 붓다의 가르침이 생각나지 않나요?

그림을 보세요. 에라스뮈스가 다친 전사를 간호하고 있네요. 〈친구 파트로클로스의 상처를 싸매는 아킬레우스〉를 묘사한, 그리스 도기 그림의 패러디입니다. 아킬레우스는 강하고 아름답고 기품 있는 영웅이었지만, 자신의 운명에 분노하고 친구의 죽음을 괴로워하며 마음 잘 날이 없었어요. 길지 않은 생애, 좀 더 마음 편하게 살 수 있었을 텐데요.

그런데 이 가르침엔 다른 측면도 있습니다. 에픽테토스는 노예 시절에도 자기 마음을 잘 다스렸습니다. 주인은 그게 얄미웠던지, 팥쥐 엄마 같은 심보로 에픽테토스의 다리를 비틀어 봤대요. 그러나 돌아온 것은 차분한 대답. "그러다가 다리 부러집니다." 주인은 약이 올라 더 모질게 비틀었고 마침내 발목이 부러졌어요. 에픽테토스의 한 말씀. "그렇게 될 거라고 말씀드렸습니다."

글쎄요, 마음의 평정도 좋지만 이럴 땐 벌떡 일어나 '들이대야' 하는 것 아닙니까? 체념하고 견뎌야 할 때도 있지만, 가끔은 항의해야 할 때도 있습니다. 오늘날 어떤 사람들은 에픽테토스의 못된 주인보다 더 밉살스럽더군요. 우리를 화나게 하려고 발목을 비트는 게 아니라, 발목을 비틀어도 항의하지 못하게 하려고 마음의 평화를 가르치니까요. 억울하게 당하는 것만도 억울한데, 억울하게 당해도 억울해하지 말라니 얼마나 억울합니까. 시인 브레히트의 말마따나 "가난한 자에게 안빈낙도를 가르치는" 뻔뻔스러운 사람들은, 따끔하게 한마디 타일러 줘야 하지 않을까요?

아무려나 정답을 모르겠습니다.

그리스 도기에 그린 〈친구 파트로클로스의 상처를 싸매는 아킬레우스〉

악인의 상처 대 성인의 상처

라틴어 스티물루스(stimulus)는 '송곳'이나 '막대기'라는 뜻. 쿡 찌르는 물건이죠.

stimulus, stimulate, stimulant : stimulus는 '자극'이라는 의미의 명사. stimulate는 '자극하다', '격려하다'라는 의미의 동사. stimulant는 '자극제' 또는 '흥분제'.

stick, sticker : 친척뻘인 단어 stick은 의미가 다양해요. 명사로는 '작대기'. 동사로는 본디 '찌르다'는 뜻. '달라붙는다'고 할 때도 stick이라고 해요. '달라붙는 것'은 그래서 sticker.

steak : '꼬챙이'에 고깃덩어리를 꿰어 굽는 일에서, 그 살코기를 구운 음식을 가리키는 '스테이크'라는 뜻이 나왔습니다.

stigma 대 stigmata : 찔려서 생긴 '상처'가 그리스 말로 스티그마stigma, 복수형은 스티그마타stigmata. 말의 운명이 훗날 엇갈립니다. 영어로 stigma는 17세기부터 안 좋은 뜻으로 쓰여요. '오명'이나 '낙인' 등으로 번역합니다. 반면 stigmata는 거룩한 성인의 몸에 생기는 상처. 예수가 십자가에 달릴 때 입은 상처 그대로 어떤 성인들은 상처가 생겼대요(두 손, 두 발, 가슴). 본디 같은 단어인데 나중에 반대 맥락으로 쓰이다니 얄궂은 일이네요.

24

몰락의 시작

종교 개혁. 로마 교황청 대 마르틴 루터. 어느 쪽을 지지하느냐를 두고 서유럽 사람들은 두 편으로 딱 나뉘었습니다.

양쪽 모두 에라스뮈스를 끌어들이기 위해 노력했어요. 마르틴 루터는 옛날부터 에라스뮈스에게 연락을 시도했어요. 「95개조 반박문」을 발표하기 한 해 전인 1516년에도 루터는 에라스뮈스와 신학적인 토론이 하고 싶다며 다른 사람을 통해 편지를 보낸 적이 있어요. 종교 개혁이 시작된 후 1519년에는 에라스뮈스에게 같은 편이 되자는 편지를 보냈지요.

그런데 에라스뮈스는 사람들이 루터와 자신을 한편으로 묶는다는 사실은 알았지만 오히려 이를 부담스러워했어요. 루터의 과격한 말투 때문에 보나이 리터라이(bonae literae, 좋은 글), 즉 르네상스 인문주의 운동 진영이 함께 비난을 받는다고 생각했죠. 사람들의 온화한 반응을 이끌어 내기 위해 루터가 자제해야 한다고까지 편지에 썼습니다. 이러한 에라스뮈스의 상황 인식에 대해 하위징아는 "완전히 사태를 잘못 파악한 것"이라고 꼬집었어요.

반면 에라스뮈스는 루터를 공격하고 싶지도 않았어요. 교황청과 보수적인 루뱅 대학에서 루터를 비난하는 움직임에도 반대했죠. 루터의 말에는 좋은 점이 있고, 대중 앞에서 루터를 헐뜯는 것은 교회답지 못한 일이라고 주장했어요. 루터의 친구에게 이런 쪽지를 보내기도 했죠. "모든 지성인들은 루터의 과감한 행동을 기뻐하고 있습니다." 싸움이 커지지 않기를 바란다는 뜻도 전했지만요. "루터는 사태가 두 당파의 갈등으로 끝나지 않도록 크게 신경 쓸 것이라고 봅니다!"

에라스뮈스는 어느 쪽도 가담하지 않고 사태를 중재하겠다고 나섰습니다. 싸움을 피하려는 그의 기질이 작용했을까요. 어찌 보면 쉬운 선택처럼 보여요. 그러나 사실은 가장 어려운 일이었죠. 불가능한 일이었기 때문입니다. 이런 싸움은 일단 시작되면 '호랑이 등에 올라탄 꼴'이 되어, 힘이 모자라 중간에 그만두는 쪽이 모든 것을 잃게 마련이거든요. 죽느냐 사느냐의 싸움. 에라스뮈스는 양쪽 모두를 실망시킬 운명이었습니다.

이렇게 에라스뮈스의 몰락이 시작되었지요.

| 격언 이야기 |
늑대의 귀를 잡다

이러지도 저러지도 못할 난처한 상황을 겪어 보셨나요? 배우 제임스 딘의 대표작 〈이유 없는 반항〉에는 벼랑을 향해 차를 타고 달리는 위험한 게임이 나옵니다. 누가 더 벼랑에 가까이 다가서는지, 누가 늦게 브레이크를 밟는지 겨루는 무모한 내기죠.

'호랑이를 탄 형세(기호지세, 騎虎之勢)'라는 고사성어가 있어요. 호랑이를 타고 달리면 어떨까요? 아마 무척이나 불안하고 힘들 겁니다. 그러나 섣불리 내렸다가는 곧바로 호랑이 밥이 되겠지요. 옛날 중국에 북주라는 단명한 나라가 있었습니다. 황제가 죽자 어린 아들이 제국을 물려받았어요. 그때 정계의 2인자였던 양견을 부인이 부추겼대요. "이미 짐승(범)을 탄 기세, 내릴 수도 없으니 밀어붙이시죠!" 기왕 이렇게 된 것, 정계에서 물러나도 숙청될 상황이니, 아예 정변을 일으키라는 거죠. 중국 역사책에 나오는 이야기입니다.(『수서』「후비열전」) 그는 결국 쿠데타로 황제가 되어 수(隋)나라를 세우지요.(고구려를 쳐들어왔던 수양제는 그 아들이고요.)

에라스뮈스는 '늑대의 귀를 잡다(auribus lupum teneo, 아우리부스 루품 테네오)'라는 라틴어 격언을 소개합니다. "이 격언은 포기해 버릴 수도 없고 계속 감내할 수도 없는 어떤 일에 휘말린 사람을 가리키는 말"이래요. 왜 하필 늑대일까요? "토끼는 귀가 길어 잡기도 쉽지만, 늑대의 귀는 짧아서" 잡고 있기 힘들거든요. 그렇다고 놓아 버리면 늑대가 물어뜯을 터! 진퇴양난이란 이럴 때 쓰는 말이군요.

로마 제국의 티베리우스는 아우구스투스 황제의 후계자이자 정계의 2인자로서 오랜 시간을 주눅이 들어 지냈습니다. 안 그래도 비관적인 성격이 더욱 비뚤어졌다고 하죠. "나는 늑대의 귀를 잡고 있다." 역사가 수에토니우스에 따르면, 황제 자리에 오를 무렵 그는 이 격언을 입에 달

고 살았다나요. "늑대의 귀를 잡고 있어도, 또 손을 놓아도 두렵듯이, 황제의 자리에 오르자니 책임이 무겁고, 개인으로 돌아가자니 친위대가 없어 암살당할 우려"가 있거든요. 동서고금을 막론하고, 이런 게 권력의 속성일까요?

게임 이론에 '치킨 게임'이라고 있습니다. 두 명의 미치광이가 각각 차에 올라 마주 보고 돌진합니다. 목숨을 건 담력 내기죠. 먼저 핸들을 꺾으면 '치킨'이라 불리며 놀림감이 되지만, 지기 싫다고 끝내 차를 세우지 않으면 둘 다 목숨을 잃어요.

이럴 때 합리적 이성을 가진 사람이라면 누구나 화해를 주선하고 싶을 겁니다. 벼랑 끝 담력 게임의 파국이 눈에 선하니까요. 그렇지만 세상일은 꼭 그렇게 굴러가지는 않더군요.

조르주 쇠라, 〈서커스〉, 1890~1891년(오르세 미술관, 파리)

늑대 왕 로보와 면역 질환 루푸스

라틴어 아우리스auris는 귀. 아우리부스auribus는 '귀들에 있어서', 즉 '양쪽 귀라는 부위를' 잡았다는 의미. 루푸스lupus는 늑대.

aural : '귀로 듣는 일'에 관련된 형용사. 마침 '입으로 말하는 일'을 뜻하는 형용사 oral과 발음도 같아서, 영어에는 '귀로 듣고 입으로 말한다'는 뜻을 가진 aural-oral이라는 말장난 같은 형용사도 있다고.

ausculator : 귀로 주의 깊게 듣고 진찰하는 '청진기'를 뜻하는 말. 라틴어 아우리스auris와 관계된 말이라는 것은 알겠는데, 뒷부분이 정확히 어디서 왔는지는 모른다고 하네요.

의학 용어 루푸스 lupus : 면역계가 잘못되어 병원균이 아니라 자기 몸을 공격하는 부서운 질환입니다. 감염 부위를 꿀꺽 삼키는 것처럼 보여서 '늑대'라는 뜻의 루푸스라고 부른대요.

스페인어 로보 lobo : 옛날에 『시튼 동물기』를 읽고 '로보는 늑대 왕의 이름'이라고 생각했어요. 사실은 '늑대' 일반을 가리키는 스페인어. 아마 커럼포 지역 사람들은 로보를 바로 그 늑대, '늑대 중의 늑대'라고 생각했겠지요. 블랑카blanca 역시 '하얀색'을 뜻하는 형용사(여성 어미).

달아나고 또 달아나다 06장

가톨릭 대 신교
편 가르기의 시대
불가능한 선택
막다른 골목
달아나는 에라스뮈스
고통스러운 말년

25
▶
가톨릭 대 신교

에라스뮈스는 왜 양쪽 모두 거리를 뒀을까요. 둘 다 잘못하고 있다고 생각했을지도 몰라요. 교황청도 잘못을 많이 했지만, 루터의 과격한 언사도 문제라고 보았죠. 거친 말이 상처를 주고 그래서 화해의 가능성이 줄어든다고 생각했으니까요. 싸움을 바라는 사람들에게 구실을 주는 빌미가 될까 염려했어요. 그래서 에라스뮈스가 조심스러운 태도를 취했다고 하위징아는 생각합니다.

한편 슈테판 츠바이크는 다른 생각을 해요. 에라스뮈스를 합리적 이성을 대표하는 사람으로 봤어요. 츠바이크가 왜 이런 전기를 썼는지, 츠바이크의 바람이 무엇이었는지는 다음에 살펴보려고 해요. 아무튼 그의 해석은 이렇습니다. 교황청은 물론이거니와 루터 진영 역시 이성에 따르는 사람들은 아니었다는 겁니다. 나중에 에라스뮈스가 스위스에서 마주칠 칼뱅 지지자들도 그랬고요. 가톨릭도 신교도 자기가 옳다는 신념과 열정에 사로잡힌 사람들. 에라스뮈스가 보기에는 둘 다 위험해 보였으리라는 생각이에요.

하위징아와 츠바이크, 어느 쪽이 맞는지 저는 모르겠네요. 일단 이런 생각은 듭니다. 교황청이 잘못을 저질렀는데도 마냥 편드는 사람들을 보고 느꼈을 섬뜩한 감정을, 에라스뮈스는 루터나 칼뱅 진영에서도 느끼지 않았을까요. 저쪽이 큰 잘못을 저질렀다고 해서, 이쪽이 저지르는 잘못이 '착한 잘못'이 되지는 않으니까요.

| 격언 이야기 |
못을 못으로 뽑는다

'못을 못으로 뽑는다(clavum clavo pellere, 클라움 클라보 펠레레)'는 격언은, 모질고 나쁜 것을 몰아내기 위해 다시 모질고 나쁜 것을 가져오는 짓을 말합니다. '쐐기를 쐐기로 뽑는다'고도 하고요. 못이나 쐐기는 찌르고 가르는 무시무시한 도구입니다. 그런 도구를 제거하기 위해 다시금 못이나 쐐기를 쓰다니, 좀 우울하지 않나요? 어떤 설명에, 찰흙에 박아 놓은 못을 다른 못으로 쳐서 뽑는 놀이로부터 이 격언이 유래하였다고도 하는군요.

이러한 상황은 우리에게도 낯이 익네요. 더위로 더위를 잡는다는 '이열치열(以熱治熱)'도, 외적으로 외적을 물리친다는 '이이제이(以夷制夷)'도, 못으로 못을 뽑는 상황입니다.

그런데 새 못이 헌 못보다 더 나쁘지 않다면 다행이지만, 새 쐐기가 먼젓번 쐐기보다 지독한 경우도 가끔 봅니다. 다음 그림의 원작은 조선 시대의 무예 교본인 『무예도보통지』로, 그 책에는 똑같은 인물이 약간

씩 다른 자세를 한 채 영화 필름의 연속 사진처럼 빼곡히 들어차 있답니다. 시쳇말로 '그놈이 그놈'이라는 말도 있지만, 그림에서도 별다르지 않은 인물들이 별다르지 않은 못을 들고 다투고 있군요. 요즘 세상도 별로 나을 것 없지요.

에라스뮈스는 한때 다음과 같은 희망을 품었습니다. "이 격언은 과오를 과오로, 죄악을 죄악으로, 잔꾀를 잔꾀로, 무력을 무력으로, 무모함을 무모함으로, 비방을 비방으로 몰아내는 경우 등에 어울리는 말일 뿐만 아니라, 하나의 곤경을 다른 곤경으로써 극복하는 경우에도 적용할 수 있다. 예를 들어 욕정을 힘든 노동으로써 극복하며, 사랑의 열병을 더 숭고한 열정으로써 다스리는 경우이다." 종교 개혁의 소용돌이에 휘말리기 이전에 쓴 글이지요. 종교적 열정으로 들뜬 사람들 사이에서 부대끼고 치인 말년의 에라스뮈스는 어떻게 달라졌을지도 궁금하네요.

무예 교본 『무예도보통지』(조선 정조 시대)

프로펠러, 추방, 강요

라틴어 펠로^{pello}는 '밀다', '몰다'의 뜻. 손주뻘 되는 단어들이 영어에 퍽 많아요.

propel, propeller : 앞으로^{pro} 밀다^{pel}, 즉 '나아가게 하다'는 뜻. propeller는 앞으로 나아가게 하는 장치, 즉 '추진기, 프로펠러'를 의미.

compel, impel : compel은 함께 모이도록^{com} 모는^{pel} 것. '한군데 모이도록 몰아붙이는 일'이라는 뜻이었는데, 다른 사람한테 '강요하다'는 뜻으로 쓰여요. impel은 어느 방향을 향하여ⁱⁿ 밀어붙이는^{pel} 일. 역시 다른 사람을 다그쳐 '억지로 하게 만들다'라는 뜻.

appeal : 어느 방향을 향하여^{ad} 들이미는^{pel} 일, '들이대다'라는 뜻.

repel, expel : repel은 뒤로^{re} 몰아내는^{pel} 일, '격퇴시키다, 무찌르다'라는 뜻. expel은 밖으로^{ex} 밀어내는^{pel} 일, '추방하다, 쫓아내다'라는 뜻.

26

편 가르기의 시대

1517년 「95개조 반박문」이 공개됩니다. 1519년 3월에는 같은 편이 되자는 루터의 편지를 받지만 거절했고요. 반대로 그해 10월에 루터를 이단으로 정죄하려는 가톨릭의 움직임에 반대 의사를 천명했어요. 앞서 살펴본 내용입니다. 1520년에는 이런 편지를 쓰지요. "내가 루터에 반대하는 글을 쓴다면 주교직을 주겠다는 (가톨릭 진영의) 제안도 있었습니다."

가톨릭과 신교, 어느 쪽으로도 에라스뮈스가 쉽게 기울지 않자 양쪽 진영은 그를 끌어들이기 위해 더욱 노력합니다. "이렇게 중립적인 에라스뮈스조차 우리 편으로 넘어왔다"고 선전하기 좋았기 때문이죠.

그러나 에라스뮈스는 이런 식으로 편 가르는 것이 질색이었습니다. 그게 싫어서 인디 지식인이 되었는데 말이죠. 우유부단한 기질 탓일 수도 있겠습니다. "그는 명확한 결론을 내리기를 거부하거나, 아니면 내리지 못하는 그런 성격이었다." 하위징아는 에라스뮈스가 친구는 많았지만 사실 은둔자에 가까운 사람이었다고 지적해요. "나는 늘 혼자 있기를 바랐습니다. 어떤 당파에 소속되어 활약하는 것처럼 나를 불쾌하게 만드는 일은 없습니다."

어쩌면 에라스뮈스는 유유상종의 위험을 알았기 때문에 편 가르기를 싫어했을지도 모릅니다. 생각이 다른 사람에게 귀를 기울이는 '관용'을, 에라스뮈스는 언제나 중요하게 생각했지요.

| 격언 이야기 |
닮은 것은 닮은 것을 기쁘게 한다

'닮은 것은 닮은 것을 기쁘게 한다(simile gaudet simili, 시밀레 가우데트 시밀리)'라는 라틴어 격언이 있습니다. 사람은 외모건 취향이건 자신과 닮은 사람을 만나면 기뻐한다는 뜻이지요. 에라스뮈스는 나르키소스의 신화가 여기 잘 들어맞는다고 지적합니다.

그리스 신화에 나오는 나르키소스는 몹시 아름다운 소년이었습니다. 어찌나 잘생겼던지, 물에 비친 자기 자신의 모습을 보고 사랑에 빠졌다고 하는군요. 프로이트는 이 신화를 자기 이론에 맞추어, 스스로를 사랑하는 성향을 나르시시즘이라 불렀습니다. 나르키소스를 프랑스어식으로 고치면 나르시스가 되지요.

살바도르 달리도 이 신화를 나름대로 해석하여 〈나르키소스의 변용〉이란 작품을 그렸습니다.(다양한 해석이야말로 문화를 살지게 하는 힘이지요.) 그림 왼쪽에는 정신을 잃고 수면에서 눈을 떼지 못하는 머리 묶은

소년 나르키소스가 있고, 오른쪽에는 수선화를 든 손이 있습니다. 재치 있는 달리는 두 모습을 서로 꼭 닮게 그렸어요. 여기에 에라스뮈스를 덧붙여 그려 보았습니다. "완전한 유사성이 있는 곳에 가장 격정적인 사랑이 존재한다는 말이 진정 나르키소스의 신화에 담긴 뜻"이라고 에라스뮈스는 적고 있지요.

자기와 닮은 이를 보고 기뻐하는 마음, 닮은 이를 사랑하는 마음은 인간의 자연스러운 본능일지도 모릅니다. 그러나 본능이 원래 그렇듯이, 이 마음에는 위험한 요소가 있습니다. 플라톤은 "미덕에 있어 유사한 것은 유사한 것과 어울린다"고 말했다지만, 에라스뮈스는 "이 말은 악덕의 경우에 더욱 확연하다"며 걱정합니다. 사기꾼이 사기꾼과 어울리고 독재자가 독재자와 죽이 맞는 꼴을 우리는 자주 볼 수 있습니다.

닮은 이를 사랑하는 마음이 비뚤어지면 자신과 다른 이(타자)에게 폭력을 휘두르기도 합니다. 움베르토 에코의 말처럼, 파시스트들이 보기에 다양성과 불일치는 '배반'입니다. 스파이 소설의 걸작 『르윈터 망명』에서 소련 지식인 자이체프는 이렇게 말합니다. "완전히 서로 닮은 것은 무덤에 들어간 경우 말고는 없다고 스탈린이 말했다지요. 스탈린은 잘 알고 있었을 게요. 온 세상을 똑같은 모습으로 만들기 위해 수많은 사람을 무덤으로 보냈으니까."

모두 한마음으로 움직이는 사회는 얼핏 보기에 효율적입니다. 그러나 나르키소스의 신화에는 또 다른 해석이 있습니다. 그의 사랑과 죽음이 저주에 의한 것이라는 점을 잊지 맙시다.

다양한 의견이 없으면 사회는 병이 듭니다. 일사불란하게 움직이는 파시즘도 철권통치도 속은 곪아 있기 마련입니다. 일본의 양심적 지식인 가토 슈이치는 서경식과의 대담에서, "소수 의견이 없는 사회"는 "방향 전환을 할 수 없어" 결국 "비탈길을 구르는 돌처럼" 파국으로 치닫는다고 지적합니다. 다른 목소리를 듣지 못하는 사회는 이렇듯 위험합니다.

매트릭스와 팩시밀리

라틴어 격언 '시밀레 가우데트 시밀리(simile gaudet simili)'를 단어 순서에 따라 그대로 옮기면 이렇습니다. '닮은 것은(simile) 기쁨을 준다(gaudet) 닮은 것에게(simili).' 라틴어 시밀리스(similis)는 '닮았다'는 뜻의 형용사. 그 조카와 손주뻘 되는 낱말들을 보겠습니다.

similar, similarity, similitude : similar는 형용사, similarity와 similitude는 명사.

simulate, simulation : 동사 simulate는 '모방해서 닮은 것을 만들다'라는 뜻. '모의실험을 하다'는 뜻으로도 쓰입니다. 명사 simulation은 '모의실험'의 뜻. 영어 그대로 '시뮬레이션'이라고 쓰기도 합니다.

철학 용어 시뮬라크르 simulacre와 시뮬라시옹 simulation : 포스트모던의 시대에는 실재(實在)하는 세계보다 실재를 '닮은' 것이 너 실재 같다는 내용인데요, 영화 〈매트릭스〉에 잘 설명되어 있어요. 프랑스 철학자 장 보드리야르의 책 『시뮬라크르와 시뮬라시옹』이 영화에 직접 등장하죠.

사무용품 팩시밀리 facsimile와 팩스 fax : 팩시밀리는 라틴어 '팍 시밀레(fac simile, 닮게 만들라)'에서 나온 이름. '복사'라는 뜻도 있고, '복사 전송기' 즉 팩스라는 뜻도 있어요. 팩스는 팩시밀리를 줄인 말. 라틴어 시밀리스(similis)에서는 '스' 발음 하나만 살아남은 셈.

27

불가능한 선택

에라스뮈스의 선택에 유럽 곳곳의 사람들은 관심을 기울였습니다. 예를 들어 화가 알브레히트 뒤러는 남몰래 마음속으로 신교를 지지하던 사람이었는데, 일기에 이렇게 적었어요. "오, 로테르담의 에라스뮈스여, 당신은 어디로 갈 겁니까? … 오, 에라스뮈스여, 우리 편이 되어 주십시오. 하느님이 당신을 자랑스럽게 생각할 수 있도록."

가톨릭과 신교 가운데 어느 쪽도 선택하지 않겠다는 것이 에라스뮈스의 선택이었습니다. 그러나 에라스뮈스는 갈수록 난처한 처지에 몰립니다.

1521년에는 교황이 루터를 파문합니다. 보름스 제국 회의가 개최되고 에라스뮈스도 초청되었는데, 루터 지지자들에게 불리한 결정이 날 것 같자 회의에 불참합니다. 괜히 교황청 편을 들기는 싫었으니까요. 루뱅 대학의 동료 교수들이 루터를 공격하라고 에라스뮈스를 닦달하지만 모른 척합니다. "에라스뮈스는 새로운 공격에 맞서서 왜 자신이 루터를 반대하는 글을 쓰지 않았는지 해명해야 했다.”(하위징아) 원하지 않는 선택을 하지 않기 위해 교수 자리를 버리고 루뱅을 떠나 스위스 바젤로 이사합니다. 1523년에는 교황이 직접 에라스뮈스에게 요구합니다. 루터의 교리를 반박하라고요. 에라스뮈스는 이 역시 모른 척했지요. 1524년에는 파리 대학의 가톨릭 신학자들이 에라스뮈스를 다그칩니다. 중립을 지키지 말고 진영을 확실히 선택하라고요.

이렇게 압박 받으면서도 에라스뮈스는 입장을 정하지 않습니다. 자신의 또 다른 걸작『대화집』의 저술과 출판에만 몰두했지요. 아무 선택도 하지 않기 위해 대단한 기개가 필요했어요. 그러나 어떤 사람이 보기에는 그저 우유부단한 모습일지도 모르겠습니다. 끝까지 중립을 지키겠다는 에라스뮈스의 선택은 좋은 선택이었을까요?

| 격언 이야기 |
카리브디스를 피하여 스킬라에게 잡히다
연기를 피하려다 불 속에 떨어지다

선택의 어려움.『베니스의 상인』에 나오는 유명한 장면. 슬기로운 여인 포샤는 구혼자들에게 시험을 냅니다. 금 상자와 은 상자와 납 상자를 나란히 놓고 하나를 선택하라지요. 상자를 열어 포샤의 초상화가 나오면 성공이지만 해골이 나오면 실패. 상자 앞에서 구혼자들은 머뭇거립니다.(셰익스피어에겐 미안하지만, 저는 왜 이 장면을 떠올릴 때마다 복

불복 놀이가 생각날까요?)

선택의 순간, 우리는 망설입니다. 에라스뮈스는 『격언집』에서 서로 충돌하는 두 개의 라틴어 격언을 나란히 소개하지요.

우선 최악의 결과를 피하기 위해 차악을 선택하는 경우. 이럴 때 서양의 옛 지식인들은 '카리브디스를 피하여 스킬라에게 잡히다(evitata Charybdi in Scyllam incidi, 에비타타 카리브디 인 스킬람 인키디)'라고 말했대요. 카리브디스와 스킬라는 둘 다 오디세우스의 모험 이야기에 나오는 괴물입니다. 스킬라는 한 번에 여섯 명의 뱃사람을 낚아채 잡아먹는 반면, 카리브디스는 소용돌이를 일으켜 모든 사람을 삼켜 버린대요. 오디세우스는 고민 끝에 카리브디스를 피하여 스킬라에 가까이 배를 몰아갔다죠. 그의 판단으론 "여섯 명을 잃는 것이 모두를 잃는 것보다 낫기 때문"이었어요. 예를 들어, "병마의 카리브디스를 피하는 대신 손실의 스킬라에 빠지는 것이 낫다"고 에라스뮈스는 말합니다. "재산과 생명 가운데 어느 하나만을 골라야 한다면, … (복구할 수 있는) 재산을 포기하는 쪽이 올바른 선택"이라나요.

반면 나쁜 결과를 피하려다 오히려 최악의 선택을 하는 경우도 있어요. '연기를 피하려다 불 속에 떨어지다(fumum fugiens in ignem incidi, 푸뭄 푸기엔스 인 이그넴 인키디)'라는 말이 있대요. 예컨대 도둑고양이가 병아리를 채 물었을 때, 주인 영감이 병아리를 구하려고 곰방대를 들고 달려들다가 그만 낙상하는 상황입니다.(원작 그림인 김득신의 〈파적도〉가 바로 이런 내용이지요. 연기는 중국 명나라 때의 『수호지』 목판본 삽화에서, 불구덩이는 조선 후기의 지옥 그림에서 따왔습니다.) 병아리를 아끼다 몸을 다치다니, 나쁜 선택이네요.

누구는 스킬라를 택해 손실을 줄이겠지만, 누구는 불구덩이에 빠져 고생하겠죠. 다만 선택을 해 버린 이후에도 결과는 달라질 수 있습니다. 옛 동양의 지혜에 따르면, 설령 마구간에서 말이 달아난대도 그건 좋은 일이 될 수도(새옹지마, 塞翁之馬) 있어요. 무릇 세상일이란 '화가 복이 되기도(전화위복, 轉禍爲福)' 하니까요. 어쩌면 좋은 선택이냐 나쁜 선택이냐를 결정하는 건 선택의 순간이 아니라 선택 이후의 행동일지도 모르겠습니다.

김득신, 〈파적도〉, 18세기(간송미술관)

푸가에서 난민까지

라틴어 푸기오fugio는 '달아나다'라는 뜻의 동사. 푸기엔스fugiens는 그 분사 형태.

음악 용어 푸가 : 영어로는 fugue, 독일어 푸게Fuge, 프랑스어 퓌그fugue, 이탈리아어 푸가fuga. 원뜻을 살려 옮기면 '달아남의 음악'쯤 되겠죠. 첫 번째 성부에 주제가 나오고, 잠깐 있다가 다른 성부에서 그 선율이 나오고, 또 잠깐 있다가 다른 성부에서 선율이 나오고. 먼저 나온 주제가 달아나면 뒤의 선율들이 꼬리를 물고 좇는 것 같아서 이런 이름이 붙었죠.

fugitive : 달아나는 사람. 보통은 법을 어기고 달아나는 '도망자'를 뜻하는 말.

refuge, refugee : 전쟁이나 박해를 피해 달아난다는 의미. refuge는 장소, '피난처, 도피처, 쉼터.' refugee는 사람, '난민'을 뜻합니다.

28

막다른 골목

가톨릭과 신교의 갈등은 심각했습니다. 침묵을 지키는 것만으로도 어느 한쪽을 편드는 일처럼 받아들여졌어요. 1520년에 이미 이런 말이 나왔습니다. "에라스뮈스가 글을 써서 루터를 반박하지 않는 한, 우리는 그를 루터 지지자라고 생각한다."

그러다가 1524년에 에라스뮈스는 루터에게 이런 편지를 받습니다. "제발 그동안 공언해 온 대로 구경꾼으로 남겠다는 자세를 견지해 주시기 바랍니다." 루터의 비아냥거리는 말투 때문이었을까요, 가톨릭 진영의 압박 때문이었을까요, 아니면 정말로 신학적 관심 때문이었을까요. 에라스뮈스는 드디어 루터를 반박하는 글을 씁니다. 루터 역시 기다렸다는 듯 에라스뮈스의 견해를 반박합니다. 인간의 '자유 의지'를 어떻게 해석할까에 대한 신학적인 논쟁이 벌어졌지요.

그러나 논란은 어디까지나 신학적인 차원에 머물렀고 사람들은 주의를 기울이지 않았어요. "동시대 사람들의 견해는 그들이 어느 편에 속해 있느냐에 따라 이미 정해져 있었다. 어떤 사람들은 에라스뮈스가 루터를 공격했기 때문에 무조건 그를 지지했고, 반대로 어떤 사람들은 루터를 지지했기 때문에 에라스뮈스의 자유 의지론을 무조건 배척했다"고 하위징아는 꼬집었어요. 이렇듯 첨예한 편 가르기의 와중에 에라스뮈스는 사람들의 관심에서 벗어나 교리 논쟁에 몰두하는 흘러간 옛사람이 되어 있었습니다.

침묵하는 이는 동의하는 것

재치 만점 시인 셸 실버스타인의 「아니라고 말 못한 가죽 피리」라는 우스개 시가 있어요. 바닷가에 떠내려온 백파이프(가죽 피리)에게 반한 거북이. 사랑해도 되겠느냐 입 맞춰도 되겠느냐 거북이가 물을 때 백파이프는 아니라고 말하지 않지요. 그러나 얼마 후 내가 싫어졌느냐고 거북이가 물을 때도 백파이프는 아니라고 말하지 않아요.(무생물이니까요.) 이렇게 백파이프의 침묵을 통해 슬픈 사랑(!)이 이루어졌다 깨집니다. '침묵하는 이는 동의하는 것(qui tacet consentit, 퀴 타케트 콘센티트)'이니까요. 사실 말을 안 하면 속마음도 알 수 없죠.(그림은 르네상스 화가 조르조네의 수수께끼와 같은 그림 〈폭풍우〉를 본땄어요. 누구도 이 그림의 의미를 딱 잘라 말할 수 없어요.) 그러나 많은 사람들이 제 편할 대로 자기 말이 맞다고 해석해 버려요. "나서서 이의를 제기하지 않는 한 내 말을 지지한다는 뜻"이라고 말이에요.

침묵하는 다수. 누구나 이 '침묵하는 다수'가 자기편이라고 주장합니

다. 나를 지지하는지 확인할 방법은 없지만, 나를 지지하지 않는다고 말한 적도 없으니까요. 그들의 침묵이야말로 내 말에 동의한다는 증거! '침묵할 때 그들은 외치는 것이다(cum tacent, clamant, 쿰 타켄트 클라만트)'라는 라틴어 격언이 있지요. 말 잘하기로 유명한 로마 정치인 키케로가 남긴 연설문의 일부래요.

당시 정치 신인이던 키케로는 정계의 풍운아 카틸리나를 공격하는 데 앞장섰어요. 카틸리나가 무장봉기를 일으키려 한다고 주장했지요. "대체 언제까지(Quousque tandem, 쿠오우스쿠에 탄뎀) 카틸리나여, 우리 인내심을 괴롭힐 텐가?" 원로원의 침묵은 사실 자기를 지지하는 것이라고 키케로는 확신합니다. "원로원에 결정을 맡기자고 당신은 말했다. … 나는 그러지 않을 것이다. … (원로원 의원들은) 가만히 있으면서 동의하는 것이다. 인내하면서 표결하는 것이다. 침묵할 때, 이들은 외치는 것이다." 카틸리나는 혐의 사실을 부인했지만 키케로의 「카틸리나 탄핵 연설」로 궁지에 몰리자 결국은 봉기를 일으켰다가 살해됩니다.

침묵하는 다수는 누구의 편일까요? 글쎄요, 미국의 역사학자 마이클 파렌티는 당시 민중 대다수는 오히려 급진파 카틸리나를 지지했고 기득권층을 편든 키케로를 원망했다고 주장하지만, 확인할 도리가 없죠. 대다수의 사람들은 늘 침묵하니까요. 다만 하나 확실한 것은, 이들 침묵하는 사람들 모두가 한가지 생각을 하지는 않으리라는 사실입니다. 옛말마따나 '사람마다 다른 생각(quot homines tot sententiae, 쿠오트 호미네스 토트 센텐티아이)'이 있지 않겠습니까.

불문법과 악보

라틴어 '타케오^{taceo}'는 '조용히 있다'라는 뜻의 동사. '타키투스^{tacitus}'는 '말이 없다'라는 뜻의 형용사. 로마 역사가 타키투스가 방대한 저서를 남긴 일을 두고 "이름 보면 조용할 것 같은데 말이 엄청 많더라"는 농담이 있어요.

tacit, tacit law, tacit approval : tacit는 '암묵적'이라는 뜻의 형용사. 라틴어 형용사 타키투스^{tacitus}를 가져온 말. tacit law는 암묵적으로 동의된 법이니까 '불문법(不文法)'. tacit approval은 '암묵적인 동의'.

음악 용어 타셋 tacet : 악보에 'tacet'이라고 적혀 있다면 그 부분 동안 악기를 연주하지 말고 쉬라는 뜻입니다. 라틴어 타케트^{tacet}는 '조용히 있다'는 뜻이니까요.

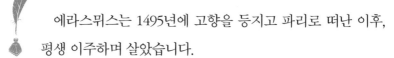

29
달아나는 에라스뮈스

에라스뮈스는 1495년에 고향을 등지고 파리로 떠난 이후, 평생 이주하며 살았습니다.

1517년 루뱅 대학교에 교수로 임용된 이후 드디어 정착하나 했는데, 곧이어 종교 개혁이 시작되며 더 자주 이사를 다녔지요. 루뱅 대학교의 동료 교수들이 가톨릭 편을 드는 거냐 아니냐 입장을 분명히 하라고 다그치자, 대답하기는커녕 1521년에 스위스의 조용한 출판 도시 바젤로 이사하지요. 그런데 가톨릭과 신교의 대립이 바젤에서도 심각해졌어요. 이 일로 바젤 칸톤은 신교가 사는 바젤 슈타트와 가톨릭이 많은 바젤 란트 지역 둘로 나뉘게 되었지요. 에라스뮈스는 1529년에 바젤을 떠나 프라이부르크로 이주합니다. 1535년에는 다시 바젤에 갔다가 이듬해 그곳에서 숨을 거두게 됩니다. 바젤 슈타트에는 분홍색 대리석을 다듬은 에라스뮈스의 묘가 있어요.

말년의 에라스뮈스는 계속 삶터를 옮겨 다녔습니다. 달아나고 또 달아났죠. 목숨이 아까워서는 아니었을 거예요. 하위징아의 지적처럼 그는 이제 국제적 명사였기 때문에 양쪽 진영 모두 그를 함부로 죽이거나 해코지하기 어려웠으니까요. 그렇다면 무엇이 두려워 달아났을까요? 자기 정신의 자유를 지키기 위해서는 아니었을까요. 그러나 정든 집 하나 없이 바삐 이사를 다녀야 했다니, 치러야 할 대가는 만만치 않았던 셈입니다.

| 격언 이야기 |
자기 집이 최고의 집

으뜸 신 제우스가 헤라와 결혼할 적에 세상의 모든 짐승을 초대했다고 합니다. 지엄한 분의 결혼인지라 짐승들은 서둘러 도착했대요. 거북이만 빼고요. 결혼 잔치가 끝날 때쯤 겨우 도착한 거북이더러 왜 그리 늦었느냐고 제우스가 묻자, 거북이는 천연덕스럽게 대꾸합니다. "자기 집이 최고의 집이라지 않습니까." 발끈한 제우스는 "그렇게 집이 좋으면 어디든 집을 이고 다니라"며 쏘아붙였고, 제우스의 뜻은 그대로 이루어졌다나요. '즐거운 나의 집'을 노래하던 거북이에게 이게 벌다운 벌이었는지는 모르겠습니다.

즐거운 나의 집이라는 말에서 '집'은 가족일까요, 아니면 공간일까요? 사람일까요, 부동산일까요? 서양에는 '자기 집이 최고의 집(오이코스 필로스 오이코스 아리스토스)'이라는 그리스어 격언이 있어요. 에라스뮈스는 이 말을 라틴어로 옮겨 『격언집』에 수록했지요.(domus amica domus optima, 도무스 아미카 도무스 옵티마) 여기서 '자기 집'은 '오이코스 필로

스'라는 말을 옮긴 건데요, 그리스말 '필로스philos'는 '사랑하는', '친애하는' 따위의 뜻으로 우리에게 친숙하지만 때로는 '자기 자신의'라고 새기는 게 적절하답니다.

한편 '오이코스oikos'는 가족보다는 공간의 의미가 강한 낱말이래요. 나아가서는 '그 집에 딸린 재산'을 의미하지요. 잠시 옆길로 새자면 집의 재산(오이코스)을 관리하는 일에서 경제학(이코노미, economy)이라는 말이 나왔고요, 우리가 사는 공간(오이코스)을 고민한다는 의미에서 19세기에 환경학(이콜로지, ecology)이라는 말을 만들었대요. 여하튼 서양에서 즐거운 나의 집이라는 말은 본디 부동산(과 그에 딸린 동산)을 뜻했달까요. 화목한 가정을 연상시키는 동양 격언 '가화만사성(家和萬事成)'과는 사뭇 다르네요.

　로댕의 유명한 조각 〈생각하는 사람〉은 본디 지옥문 위에 앉아 있던 작품이었죠. 그 위에 거북이 등딱지를 얹어 그려 보았습니다. 에라스뮈스 같은 사람은 정치적 사상적 소용돌이에 휘말리기 싫어 집을 등지고 떠나야 합니다. 어떤 사람은 돈이 없어서 집을 사지 못합니다. 어떤 사람은 전쟁 때문에 가난 때문에 고향에 살지 못하고 집 없이 떠돌아야 합니다. 이 사람들보다 거북이 팔자가 나아 보입니다. 자기 살 집은 가지고 태어나니까요.

오귀스트 로댕, 〈생각하는 사람〉, 1880년대

조로와 샴페인, 그리고 신부님

그리스어 '오이코스(oikos, 집)'에서 유래한 말들을 알아봤으니, 라틴어 '도무스(domus, 집)'에 대해서도 살펴보아요.

domestic : 라틴어 도메스티쿠스domesticus에서 온 형용사. '집', 특히 '집안'에 관한 일을 가리킵니다. 집안일, 집에서 키우는 동물, 국내 시장(국제 무대에서 집안이니까) 등을 두루 가리키는 말.

'주(인)님'을 높여 부르는 말 : 라틴어 도미누스dominus는 본디 '집주인'. 넓은 뜻으로 '주인님'이라고 쓰이죠. 인간 말고 신에게 쓸 때는 문자 그대로 '주(主)님'. 기도하듯 "하느님!" "주여!" 부를 때는 '도미네Domine'.
성직자나 귀족을 높여 부를 때도 씁니다. 이탈리아 소설에 나오는 '돈 카밀로Don Camillo'의 '돈'은 '신부님'이라고 높여 부르는 존칭. 술을 빚던 수도사 '돔 페리뇽Dom Pérignon'도 마찬가지. (샴페인 이름으로 유명하죠.) 〈조로〉의 주인공 '돈 디에고Don Diego'는 귀족이라서 존칭이 붙고요.

dominion, domain : dominion은 '지배권'이라는 뜻. domain은 그 지배권이 미치는 영역, 즉 '영지'. 넓은 뜻으로는 '활동 분야', '지식의 범위' 등으로 쓰입니다.

30

고통스러운 말년

에라스뮈스는 친구들을 잃었습니다. 나이가 들었기 때문이기도 하고 종교 개혁 때문이기도 했어요. 견해가 다르다고 등을 돌린 친구들도 있고, 가톨릭과 신교의 싸움에 휘말려 목숨을 잃은 친구도 있죠.

영국의 토머스 모어. 『유토피아』의 저자. 에라스뮈스는 이 친구의 집을 향하며 『우신예찬』을 씁니다. 모어의 그리스어 이름은 모로스Moros, '어리석다'는 뜻. 에라스뮈스는 장난이 치고 싶었던 것 같아요. "내가 아는 사람 중 가장 똑똑한 사람이 모어인데, 그의 이름은 어리석다는 뜻이라니."

모어의 소개로 에라스뮈스는 헨리 왕자를 알게 됩니다. 나중에 헨리 8세가 되죠. 헨리 8세는 처음에는 가톨릭 편에 서서 신교를 탄압합니다. 그런데 교황청과 사이가 틀어지자 신교 편에 서서 가톨릭을 박해했어요. 토머스 모어는 헨리 8세에게 맞섰고 1535년에 참수형을 당합니다. 예순여덟의 에라스뮈스는 이 소식을 듣고 깊은 슬픔에 빠졌어요. 종교가 뭐길래, 한때 서로 존중하던 친구들끼리 이런 일을 치러야 하는 걸까요.

"모어가 그런 위험한 일에 개입하지 말고 신학적인 문제는 신학자들에게 맡겼다면 좋았을 텐데." 하위징아는 에라스뮈스의 반응이 이상하다는 점을 지적합니다. "마치 모어가 종교적 양심이 아닌 다른 어떤 문제 때문에 죽은 것처럼 말하는 것이다!" 왜 이랬을까요. 어쩌면 노년의 에라스뮈스는 종교를 구실 삼아 사람들끼리 서로 죽고 죽이는 일에 지쳤을지도 모를 일입니다. 이듬해 에라스뮈스도 세상을 떠납니다.

|격언 이야기|
한 발을 카론의 배에 올리다

"지난 45년간 … 기대 수명과 유아 사망률 등 수명 관련 지표의 측면에서 볼 때, 한국은 아이티가 스위스가 된 것만큼의 진보를 이루어 냈다"고 장하준 교수는 썼습니다. 격변의 20세기, 우리 사회는 특히 숨 가쁘게 달려왔지요. 그런데 눈부신 발전에는 그늘도 깊습니다.

소설 이야기 좀 할게요. 아우렐리아노 부엔디아 대령은 젊었을 때 독재 정부에 맞선 게릴라의 우두머리였대요. 가는 곳마다 해방자로 환영받고 많은 부하들을 호령했습니다. 그러나 내전도 흐지부지, 자식들도 죽고, 이제 노년이 된 대령은 금화를 녹여 날마다 황금 물고기를 만들어요. 마르케스의 대표작 『백 년의 고독』에 나오는 인상적인 장면입니다.

골트문트는 젊어서 감각적인 쾌락에 탐닉했지만, 나이 들고 쇠약해지자 친구 나르치스의 수도원에 몸을 붙이고는 나무로 조각을 깎는 일에 전념해요. 헤세의 『나르치스와 골트문트』입니다.(한때 『지와 사랑』이라는 멋들어진 제목으로 널리 읽혔지요.) 쓸쓸한 노년, 뭔가 몰두하는 모습에 여러 감정이 이는군요.

에라스뮈스는 '한 발을 카론의 배에 올리다(alterum pedem in cymba Charontis habere, 알테룸 페뎀 인 큄바 카론티스 하베레)'라는 라틴어 격언을 소개합니다. "나이가 많고 쇠약한 어르신을 일컬어" 옛날에 쓰던 밉살스러운 표현이래요. 카론의 배란 무엇일까요? 그리스 신화에 따르면 죽은 영혼이 저승으로 갈 때 스틱스 강을 건너는데, 그 배를 모는 뱃사공이 바로 카론이라지요. 인심 사납기로도 유명합니다. 파티니르의 작품 〈카론〉에서 험상궂은 뱃사공 카론의 모습을 따왔어요. 원래 그림에선 배 뒤로 저승의 풍경이 보였는데요, 여기서는 상징주의 회화의 거장 뵈클린이 그린 〈죽음의 섬〉을 살짝 섞어 봤습니다.

노마지지(老馬之智, 늙은 말의 지혜)라는 고사성어가 있지요. 혹한기에 행군하던 군대가 길을 잃자, 재상 관중은 "늙은 말의 지혜가 필요한 때"라며 나이 든 말 한 마리를 풀어놓고 쫓아갔대요. 말은 곧 큰길을 찾아냈고, 모두 살아 돌아올 수 있었다지요. 그러나 요즘 세상은 너무 빨리 변합니다. 길을 찾기 위해 요즘은 늙은 말의 지혜를 묻지 않습니다. 내비게이션이 보급된 시대, 아니 내비게이션을 봐야만 살아남을 수 있는 시대니까요. 부리나케 서둘러 남을 앞질러 가야만 하는 시대니까요.

격변의 시대에 어르신을 위한 자리가 마땅치 않습니다. 종교 개혁의 시대에 에라스뮈스 세대도 그랬고, 오늘날 어르신들도 마찬가지 같습니다.

요아힘 파티니르, 〈스틱스 강을 건너는 카론이 있는 풍경〉, 1515~1524년경(프라도 미술관, 마드리드)

아르놀트 뵈클린, 〈죽은 자들의 섬〉, 1883년(베를린 버전)

오이디푸스와 야코프 그림

라틴어 페스(pes)는 '발'이라는 뜻. 명사 변화할 때 ped-의 꼴로 변합니다. 이 조카뻘 되는 단어들이 있어요.

pedestal, pedestrian : 동상이나 기둥의 '발'에 해당하는 '받침대' 부분을 pedestal이라 부릅니다. pedestrian은 '발로 걷는 사람', 즉 '보행자'. 보행자가 발로 건너는 횡단보도는 영어로 pedestrian crossing.

podium : 발로 딛고 올라서는 '연단, 지휘대'. 그리스어 푸스pous에서 온 말입니다. 신화 주인공 오이디푸스Oidipous의 이름 뜻이 '부은 발'이라는 이야기는 유명하죠. 명사 변화할 때 pod-의 꼴로 움직이기 때문에 그리스어로 '도기 꽃병의 발판'이 포디온podion.
그리고 엉뚱해 보이지만 영어 foot도 같은 어원이에요. '그림의 법칙'이라는 음운 규칙에 따르면 오랜 세월 동안 p발음이 f발음으로 바뀌기도 합니다. 이 법칙을 발견한 야코프 그림이 『그림 동화집』을 쓴 그림 형제 가운데 형이에요. 독일 전역에서 이야기를 수집했습니다, 발로 뛰면서 말이죠.

공감은 못하겠다는 하위징아
제 이야기로 생각한 츠바이크
로맹 가리와 인문주의자
볼테르와 하이네와 새로운 친구들

31
▶
공감은 못하겠다는 하위징아

요한 하위징아(1872~1945). 20세기 전반기에 활동한 네덜란드의 역사학자. 대표작은『중세의 가을』과『호모 루덴스』. 1924년에 전기『에라스뮈스』를 썼습니다.

1943년에 하위징아는 말했어요. "많은 사람들이 나와 에라스뮈스가 비슷하다는 말을 했다. 하지만 결코 진실이 아니다. 비록 그를 존경하기는 하지만 그에게 공감을 별로 느끼지 못했다." 심지어 "『에라스뮈스』를 쓴 다음에는 깨끗이 잊어버리려고 애썼다"고도 했어요. 진심일까요?

사람들은 의심합니다. 에라스뮈스와 하위징아, 두 사람은 여러 가지로 닮았거든요. 폭넓은 교양도, 멜랑콜리가 깃든 유머도요. 왜 생애 말년에 하위징아는 에라스뮈스와 자기는 다르다고 못을 박았을까요.

하위징아의 삶에서 실마리를 찾을 수 있겠습니다. "하위징아의 만년은 나치가 발호하여 조국 네덜란드를 침공해 온 시기와 일치한다.

비록 사건의 성격은 다르지만 에라스뮈스의 만년에 종교 개혁의 물결이 온 유럽을 뒤덮던 위기 상황과 비슷하다. 그런 상황을 맞아 하위징아는 에라스뮈스처럼 이도 저도 아닌 중간 노선을 가려고 한 것이 아니라 아주 분명한 태도를 취했다." 『에라스뮈스』를 우리말로 옮긴 번역가 이종인은 지적합니다.

요한 하위징아

하위징아는 나치가 이웃 나라 독일에서 권력을 잡을 때부터 반대 의사를 분명히 했습니다. 몇 년 후 나치는 네덜란드를 점령했지요. 국제적 명사였기 때문에 직접 해코지하지는 못했지만, 노령의 하위징아를 수용소에 보내고 대학을 폐쇄하고 가택 연금시키고 변방 지역으로 추방하는 등 갖가지 방법으로 겁을 주었어요. 그래도 하위징아는 기개를 굽히지 않고 불복종의 뜻을 밝혔습니다.

"이런 하위징아였으니 사망하기 얼마 전에 쓴 글에서 '에라스뮈스를 존경은 하지만 공감하지는 않는다'고 말한 것이 어느 정도 이해가 된다"고 이종인은 설명합니다. '제비 한 마리가 봄을 가져오진 않는다'는 말이 있지만 그것이 제비가 움직이지 않을 핑계는 되지 않을 겁니다.

제비 한 마리가 봄을 가져오진 않는다

닭의 목을 비틀어도 새벽이 온다고 말하기는 쉽습니다. 그러나 닭의 입장에선 어떨까요? 목이 비틀릴지도 모르는데 일찍 우는 닭이 되어야 할까요?

에라스뮈스는 '제비 한 마리가 봄을 가져오진 않는다(una hirundo non facit ver, 우나 히룬도 논 파키트 베르)'는 라틴어 격언을 소개합니다. 이 말은 한나절 안에 배움을 마칠 수 없고 동전 한 닢으로 부자가 될 수 없고 한 개인이 국가를 만들 수 없다는 등 다양한 뜻으로 사용되지요. 언젠가 봄은 옵니다. 그러나 바로 지금이 그때일까요?

누가 선뜻 첫 번째 제비가 되어 위험을 무릅쓰겠습니까? 새봄과 새 아침을 바라는 뜻은 지켜 내기도 어렵습니다. 신석정 시인은 노래했지요. "그러는 동안에 영영 잃어버린 벗도 있다 / 그러는 동안에 멀리 떠나버린 벗도 있다 / 그러는 동안에 몸을 팔아버린 벗도 있다 / 그러는 동안에 맘을 팔아버린 벗도 있다." 우리는 지사를 보고 마음으로는 응원할지언정 우리가 직접 나서지는 않습니다.

시인 브레히트는 방관하는 사람들에게 항의합니다. "부정에 항거하는 투사가 패배해도 / 부정이 옳은 것은 아니잖은가! // 우리들의 패배가 증명 / 하는 것은 다만 하나 우리들이 너무/ 소수라는 것이다." 그렇다면 제비는 헛된 싸움을 하는 게 아니라 방관자들에게 목숨을 걸고 메시지를 던지는 겁니다. "생각하라 오늘의 패자는 내일의 승자 / 이루어지지 않는 것도, 오늘 중에라도! 이루어지는 것이다." 루쉰의 말처럼, 사

람이 가면 길이 되는 법. 본래 땅에는 길이 없었지만 누가 앞장서서 걸어가고 많은 이들이 뒤따른다면 새로운 길이 만들어집니다.

그러나 이것은 그저 이상적인 이야기일지도 몰라요. 어린 시절 위인전을 보며 '나라면 저렇게 할 수 있을까, 고문을 이겨 낼 수 있을까, 가난과 고통에 꺾이지 않을 수 있을까' 고민하지 않은 사람이 있겠습니까? 하지만 오늘날 확신을 가지는 사람은 드물고 그 신념을 끝까지 지키는 사람은 더욱 드뭅니다. 우리는 방관하는 사람들을 책망할 수 있지만, 스스로 확신이 없으면서 남더러 앞장서라고 요구할 수 없습니다.

알브레히트 뒤러, 〈멜랑콜리아〉, 1514년

뒤러의 유명한 판화 〈멜랑콜리아〉를 다시 그려 봤습니다. 그림 속 저 제비는 왜 저렇게 우울할까요? 지금 나서야 할지 말지 판단이 어려워서 일 수도 있고, 확신을 가지지 못하는 자기 자신이 부끄러워서일 수도 있습니다. 뜻을 굽힌 친구들을 떠올리며 슬퍼하기 때문일지도 모르고, 방관하는 사람으로 처신하는 스스로를 책망하기 때문일지도 모릅니다. 원래 뒤러의 그림에는 제비 대신 어두운 얼굴의 천사가 등장합니다. 학자들은 그 검은 얼굴을 네 가지 체질 이론에 따라 해석하는데, 옛 서양의 의술에서 새로운 것을 창조하는 사람은 체질적으로 검은 담즙이 많이 나오기 때문에 늘 우울하다고 하네요. 그런데 오늘날 새봄과 새 아침을 꿈꾸는 이가 우울하다면, 그건 단지 체질 때문만은 아닐 겁니다.

32
▶

제 이야기로 생각한 츠바이크

하위징아의 이야기에 대해 에라스뮈스라면 섭섭해할지도 모르겠습니다. 파쇼 대 반파쇼의 싸움은 어느 편을 들어야 할지 명백하지만, 가톨릭 대 신교의 분쟁은 그렇지 않으니까요. 또는 이렇게 항변할 수도 있습니다. 어디에도 소속되지 않은 개인의 처지에서는 자기처럼 끊임없이 달아나는 것 자체가 투쟁이라고요.

오스트리아의 소설가 슈테판 츠바이크(1881~1942)가 그랬습니다. 츠바이크는 1930년대 독일과 오스트리아에서 나치가 세력을 넓혀나가는 과정을 지켜보며 화가 났습니다. 1934년 츠바이크는 런던으로 망명했어요. 나치는 츠바이크의 책을 불태우고, 그가 쓴 대본으로 만든 오페라를 금지했어요. 한편 전쟁을 일으켜 유럽 이곳저곳을 점령했지요. 1940년에 츠바이크는 대서양을 건너 미국으로 망명합니다. 곧이어 브라질의 작은 도시 페트로폴리스로 향합니다. 에라스뮈스처럼 인디 지식인이던 츠바이크 역시 고향을 등지고 나라를 버린 채, 정신의 자유를 위해 떠돌아다니는 삶을 택했습니다.

1934년에 『에라스뮈스 평전』을 썼습니다.
하위징아의 전기와는 다릅니다. 인물의 생애
를 찬찬히 살피는 대신, 에라스뮈스의 특정한
면만 강조하여 펜 가는 대로 썼습니다. 특히
종교 개혁의 소용돌이에서 가톨릭도 신교도
광기에 가까운 열정으로 들떠 있었다고 보고,

슈테판 츠바이크

에라스뮈스를 차분하게 이성의 원칙을 지킨 사람이라고 묘사했어
요. 파격적인 구성 때문에 '전기 소설'로 보는 사람도 있습니다. 에라
스뮈스를 빌려 자기 이야기를 한 것 같기도 합니다. 이 책을 던져 놓
고 츠바이크는 극우 세력의 광기에 휩싸인 오스트리아를 떠나, 나라
없는 사람으로 살아가니까요.

『에라스뮈스 평전』에서 흥미로운 부분은 『격언집』을 바라보는 츠
바이크의 시선. 하위징아는 『격언집』을 긍정적으로 봤어요. 소수의
지식인이 라틴어 지식을 독점하려 들 때 에라스뮈스는 그 지식을 대
중에게 풀어서 알렸다는 겁니다. 반면 츠바이크는 속물근성에 영합
하는 책으로 평가 절하합니다. 직접 공부는 안 하지만 편지나 대화
에 라틴어 구절을 인용하고 싶어 하는 자들이 『격언집』의 도움을 받
았다는 거죠.

그런데 츠바이크가 한 일이 사실 그랬습니다. 소수의 독자를 염두
에 두고 연구서를 쓰는 학자였던 하위징아와 달리, 츠바이크는 대중
을 위해 책을 쓰던 소설가였어요. 특히 역사 인물에 대한 지식을 널
리 알린 것으로 유명합니다. 마리 앙투아네트를 다룬 『베르사유의 장

미』나『광기와 우연의 역사』등이 오늘날 우리가 익숙한 그의 대표작이지요. 에라스뮈스가 쓴 책 가운데 츠바이크의 작업과 가장 비슷한 것은『격언집』이었을 터. 그런데 왜『격언집』을 안 좋게 평가했을까요. 어쩌면 이 역시 자기 이야기라고 생각했기 때문일지도 모르지요.

| 격언 이야기 |
현명한 자는 자신의 보물을 지니고 다닌다

반지성주의는 역사가 깁니다. 진시황은 "과거를 빌려 와 현재를 비난하는 것을 금하기 위해" 책을 불살랐습니다. 대부분 문맹이었던 십자군 기사들은, 글을 읽고 쓸 줄 안다는 이유로 비잔티움 시민들을 조롱했습니다. 파시즘의 강령이 뭐냐고 묻는 이에게, 무솔리니는 "그렇게 묻는 민주주의자의 뼈를 부러뜨리는 것"이라 대답했지요. 어떤 파시스트는 "주먹이야말로 우리 이론의 종합"이라고 했습니다. 문화 대혁명 시절 홍위병들은 비판적 지식인을 린치했고요.

예나 지금이나 압제자들은 우리 머릿속에서 바른 생각을 지우고자 합니다. 그러나 그들이 성공한 적은 없습니다.

에라스뮈스는 현자 비아스의 이야기를 전합니다. 비아스에게 누군가 물었다지요. "당신은 왜 불타는 당신의 고향 도시에서 아무 재산도 가지고 나오지 않았습니까?" 비아스의 대답이 걸작이네요. "나는 내 모든 재산을 가지고 나왔소."

디오게네스 라에르티오스가 쓴 철학자 전기를 찾아봤더니, 일설에 따

르면 비아스가 도시 프리에네에서 가장 부유한 시민이었다는군요. 그렇다면 도시가 불탔을 때 비아스는 엄청난 재물을 잃었을 겁니다. 하지만 아무도 비아스로부터 가장 소중한 내면의 보물을 앗아 갈 수는 없었습니다.(마그리트의 회화 〈치료자〉를 본떠, 내면의 보물을 챙겨 나온 현자를 그려 보았어요.)

에라스뮈스는 "우리의 모든 소유는 바로 우리의 내적인 영역에 있다"며, '현명한 자는 자신의 보물을 지니고 다닌다(sapiens sua bona secum fert, 사피엔스 수아 보나 세쿰 페르트)'는 라틴어 격언을 소개합니다. 재물과 명예와 권세 따위는 있다가 없다가 하는 것입니다. 누군가 못된 마음을 품은 채, 재물을 주겠다며 우리를 유혹할 수도 있고, 명예와 권세를 앗아 가겠다며 우리를 협박할 수도 있습니다. 그러나 우리의 가장 중요한 보물, 즉 우리의 앎과 신념은, 그 누구도 어찌할 수 없습니다.

무솔리니의 파시스트 정권은 지식인 그람시를 잡아넣으며 이랬다지요. "20년간 이자의 두뇌를 정지시키겠다." 그람시는 7년 만에 숨을 거두었으니, 그들은 성공한 걸까요? 아니오, 그들은 뜻을 이루지 못했습니다. 그람시는 감옥에서 『옥중수고』를 남겼고 이 책을 통해 오늘날까지 살아 있는 그의 정신과 우리는 대화를 나눕니다.

좁은 감방에 몸을 가두더라도 바른 앎과 굳은 신념은 사슬로 묶을 수 없습니다. 책을 태우더라도 자유로운 정신은 꺾을 수 없습니다. 육신의 생명이 없어져도 올바른 생각은 살아남습니다. 눈엣가시 같은 지식인을 쫓아내더라도 그 정당한 앎과 신념은 꺾을 수 없을 겁니다. 저들이 승리할 수 없는 이유입니다.

사탕에서 서부극까지

라틴어 보누스^{bonus}는 본디 '좋다, 선하다'는 뜻의 형용사. 맥락에 따라 뜻이 다양합니다. 경제적으로는 '부유하다'는 뜻. 보나^{bona}는 '좋은 것' 즉 '부유하게 하는 것', 요컨대 '재산'을 의미합니다.

프랑스어 bon, bonbon : 형용사 bon은 영어의 good과 같은 말. 봉봉은 '달콤한 사탕과자'.

bonus : '상여금'을 뜻하는 말. "이번 달 보너스가 얼마야?" 같은 표현은 우리도 익숙하지요. 돈은 좋은 것.

bounty : 중세 시대에 '좋음, 미덕, 탁월함, 아름다움' 등의 뜻으로 쓰이다가 '선물'을 의미하게 되었어요. 나중에 '현상금'이라는 뜻이 되었고요. 서부 영화에서 자주 보는 '현상금 사냥꾼'은 바운티헌터^{bounty-hunter}.

보난자 bonanza : 미국 서부 지역에서 쓰던 스페인 말. 서부극 드라마와 카드 게임 이름으로 친숙하죠. 우리말로는 '대박'이라고 옮기면 딱 맞을 것 같아요.

33

▶

로맹 가리와 인문주의자

나치에 점령된 네덜란드에서 사는 것은 끔찍했습니다. 숨어 살던 유대계 시민들이 수용소로 끌려갔고(『안네의 일기』로 유명한 안네 프랑크와 그 가족도 이렇게 목숨을 잃었습니다), 1945년 초 민간인들은 포위당한 채 엄청난 굶주림에 시달렸습니다. 하위징아는 1945년 2월에 숨을 거둡니다. 네덜란드가 해방되기 불과 몇 주 전의 일이었어요.

츠바이크는 그보다 앞서 1942년에 죽었습니다. 브라질에 가서도 유럽의 소식을 끊지 못했고, 나치가 서유럽에서 승승장구한다는 소식을 듣자 절망에 빠져 아내와 함께 수면제를 먹고 스스로 세상을 등졌습니다.

역사상 에라스뮈스와 가장 반대되는 인물을 꼽으라면 히틀러는 반드시 그 안에 들어갈 겁니다. 에라스뮈스는 전쟁에 반대했고, 이데올로기에 열광하는 일을 싫어했고, 관용을 주장했습니다. 탈국가, 탈민족의 상징과 같은 사람이었으며 보편적이고 합리적인 이성을

중시했습니다. 에라스뮈스가 중요하게 여긴
가치들이 나치가 가장 싫어했던 것들이지요.

로맹 가리

문제는 에라스뮈스 같은 개인이, 나치 같은
집단에 맞서 싸울 힘이 있냐는 것이겠지요.

에라스뮈스의 이름은 로맹 가리(1914~1980)
의 단편 소설에도 등장합니다. 제목부터가 「어떤 휴머니스트」. 주인
공은 "인간성과 질 좋은 시가와 민주주의를 믿는 쾌활한 낙관주의
자" 칼 뢰비. 히틀러가 집권을 했지만 그는 뮌헨을 떠나지 않고 얼마
안 가 좋은 때가 오리라고 생각합니다. "사람들 마음속에 깃든 생래
적인 정의감과 절제와 이성이 일시적인 탈선을 바로잡으리라 믿고
있었"기 때문이죠. "(서재의) 벽을 빼곡히 메운 책들은… 하나같이
인간의 편을 들고 옹호하고 변호하면서 칼 씨에게 용기를 잃지 말라
고 절망하지 말라고 간곡히 말하고 있었다. 플라톤, 몽테뉴, 에라스
무스, 데카르트, 하이네. 이들 고매한 선구자들을 믿어야 했다."

그러나 상황은 갈수록 나빠졌고 칼은 "충직한 정원사" 슈츠에게
뒷일을 맡긴 채 숨어 지내기로 합니다. "사람들이 인간성을 드러내
고 혼란과 오해 가운데에서 방향을 잡고 극복할 시간을 주어야 했
다. … 관용과 정의와 이성은 이번에도 승리를 거둘 것이다. 다만 시
간이 걸릴 뿐이었다."

인문주의자(휴머니스트) 칼은 서재의 책들을 가지고 지하실에 내
려갑니다. 나치가 물러가고 "휴머니티가 회복될 때까지" 일 년이고
이 년이고 수십 년이라도 기다리기로 마음먹고요. 그때까지 칼은

"하이네와 에라스뮈스"의 책을 읽으며 희망을 끈을 놓지 않습니다.

여기까지만 읽어도 로맹 가리가 이 주제에 대해 어떻게 생각하는지 잘 드러나 있습니다. (소설의 결말은 참으로 잔인하지요. 스포일러가 될까 봐 말씀은 못 드리지만요.) 21세기에도, 로맹 가리가 살던 20세기에도, 에라스뮈스 본인의 시대에도, 책 읽는 사람은 현실의 폭력에 무력함을 느낍니다.

인간성을 훼손하는 거대한 악惡 앞에서 교양은 무슨 소용일까요?

| 격언 이야기 |
나랏일은 교양 교육과 어울리지 않는다

교양은 왜 필요할까요? 일본의 양심적 지식인 가토 슈이치에 따르면, "내가 아닌, 타인의 고통"을 헤아릴 수 있는 "상상력"은 교양 교육을 통해서 자란다는군요. "타인의 마음속으로 감정을 이입하고 몰입하는 능력은 평소 시나 소설 같은 작품들을 꾸준히 읽지 않으면 쉽사리 얻을 수 없다." 예나 지금이나, 시와 노래는 타인의 고통을 나의 고통으로 느끼게 해 주거든요.

에라스뮈스는 '나랏일은 교양 교육과 어울리지 않는다(Respublica nihil ad musicum, 레스푸블리카 니힐 아드 무시쿰)'는 라틴어 격언을 소개하네요. 여기서 '교양 교육'이라고 번역한 말은 원래 희랍어로 무시케 mousike 교육입니다. 영어 낱말 '뮤직music' 때문에 자칫 '음악'이라는 좁은 뜻으로 오해하기 쉬운데, 실은 시와 노래라는 넓은 의미래요. 고대

그리스에선 시와 노래를 통해 아이들을 가르쳤다죠. "무시케 교육이란 고대에 있어서도 교양 교육 전반을 아우르는 말"이라네요.

저 매몰찬 격언이 나온 것도 무리는 아니겠네요. 교양이 쌓여 타인의 고통을 헤아리게 되면, 아랫사람들더러 희생하라고 쉽게 명령하지 못할 테니까요. 옛날부터 위정자들은 20세기 영국 시인 오든이 노래하듯 "다른 사람의 눈물 때문에 눈물 흘리기도 하는 그런 세상은 들어 본 적도 없는" 사람처럼 모질게 굴었죠. 에라스뮈스에 따르면 "그리스도의 교의가 정치에는 다만 방해가 될 뿐이라고 주장하는 사람들"도 있었대요. 그럴 만합니다. 언제나 예수는 가장 고통받는 타자에게 관심을 기울였으니까요.

그리스도교의 복음서를 쓴 마태오도 원래는 사회 밑바닥의 천하고 미움 받는 세금 징수업자였대요. 이탈리아 화가 카라바조는 〈마태오와 천사〉에서, 늘 고상한 모습으로 그려지던 복음사가 마태오를 무지렁이 민중으로 묘사했지요. 감동적인 작품입니다.

그러나 이 아름다운 그림은 달랑 흑백 사진 한 장 남기고 사라졌어요. 2차 대전 막판에 폭격을 맞았다나요. 스웨덴 작가 스벤 린드크비스트가 쓴 『폭격의 역사』를 보면, 2차 대전 당시 파시스트들의 만행이 극악무도하다는 사실에는 이론의 여지가 없지만, 그렇다고 연합군이 추축국 민간인에게 퍼부은 폭격이 정당화되는 건 아니래요. 하기야, 애초에 전쟁을 시작하는 것도 나라님네고 서로 죽고 죽이라 명령하는 것도 나라님들이니.

교양뿐 아니라 철학 교육도 마찬가지였나 봐요. 에라스뮈스에 따르면

"네로 황제의 어머니는 아들에게 철학 공부를 단호히 금지시켰다. 미래의 통치자에게 철학 공부는 어울리지 않는다고 생각했기 때문이다." 사실 네로는 교양이 없지도 않았고 수도에 불지를 만큼 폭군도 아니었어요. 기독교인을 박해한 것은 맞지만 다른 로마 황제들도 하던 일이었습니다. 네로는 사랑에 굶주리고 인기에 연연하던 범속한 인물이었을 뿐.

그러나 그의 정치는 사람들의 고통을 헤아려 주지 않았죠. 세네카나 페트로니우스처럼 교양 있는 지식인들은 네로의 시대에 스스로 목숨을 끊어야 했고요. 결국 네로 스스로도 자살로 생을 마감했고 사람들은 뒤이은 내전에 시달렸습니다.

카라바조, 〈마태오와 천사〉(1602년)의 흑백 사진

국가와 여신과 음악

우리가 종종 뮤즈 여신이라고 부르는 아홉 자매 예술의 신. 그리스 이름은 '무사Mousa', 복수형은 무사이Mousai. 무사 여신이 하는 일이 무시케 mousike입니다. 뮤즈Muse는 영어식으로 부른 이름. 그들이 하는 일은 영어로 music. 오늘날은 음악만 가리키는 단어로 쓰이지만 원래는 인문 교양을 아우르는 폭넓은 개념입니다.

그리스 철학자 플라톤이 쓴 『국가』를 보면, 이상 국가는 무시케 과목을 기초 교육 삼아 이루어집니다. 그런데 『레스푸블리카Respublica』는 『국가』의 라틴어판 제목, 영어 republic이 여기서 나왔죠. 라틴어 무시쿠스musicus는 희랍어 무시코스mousikos를 옮긴 것입니다. 철학의 원조 플라톤에 따르면 레스푸블리카와 무시쿠스는 떼려야 뗄 수 없는 관계래요. 요컨대 '레스푸블리카가 무시쿠스와 어울리지 않는다'는 말은, 이상 국가를 만들기 위해 사람들에게 도덕 교육을 해야 한다던 플라톤의 사상을 대놓고 무시하는 셈이었죠.

34

볼테르와 하이네와 새로운 친구들

조금 앞선 시대로 가 봅시다. 종교 개혁과 종교 전쟁의 시대 다음에는 혁명의 시대가 있었죠. 낡은 체제가 얼마나 비합리적인가 사람들이 깨달으며 시작된 혁명이었지만, 혁명의 공간역시 합리적 이성의 자리는 없었습니다.

프랑스 대혁명 이전에는 볼테르(1694~1778)가 있었습니다. 본명은 프랑수아 마리 아루에. 프랑스와 유럽의 낡은 사회와 종교를 통렬하게 풍자했어요. 에라스뮈스와 볼테르의 공통점이 자주 이야기되곤 합니다. 두 사람 다 유럽 곳곳을 떠돌아다니며 인디 지식인으로 살았지요. 문학적이면서도 철학적인 책을 써서 작가로 성공했어요. 둘 다 합리적 이성을 중요하게 여겼고 관용을 주장했습니다.

볼테르는 1789년 프랑스 혁명이 일어나기 전에 세상을 떴어요. 그가 프랑스 혁명 때까지 살아 있었다면 어떤 태도를 취했을까 사람들은 궁금해합니다. 낡은 체제가 무너지는 것을 환영했겠지만 혁명의 과도한 열정과 편협한 편 가르기를 경계하지 않았을까, 그러다가

볼테르

혁명과 반혁명 양쪽 모두로부터 따돌림당하지 않았을까. 이 점에서도 종교 개혁의 씨앗을 뿌렸지만 종교 개혁 시기에 따돌림당한 에라스뮈스와 닮았습니다.

19세기 시인 하인리히 하이네(1797~1856) 역시 눈길을 끕니다. 가끔 연애시를 잘 쓴 시인으로 소개되기도 하는데, 하이네의 진정한 재능은 독일의 낡은 체제를 풍자한 혁명적인 문학에 있지요. 고대의 교양을 폭넓게 알았고 당시의 철학도 깊이 이해한 지식인이었어요. 기득권을 틀어쥔 독일 정치인들의 미움을 받아 파리로 망명했습니다.

정작 남들이 행동할 때에 주저했다는 점도 비슷해요. 하이네는 자기처럼 독일에서 망명한 카를 마르크스와 프리드리히 엥겔스와 친하게 지냈어요. 「공산주의자 당 선언」을 쓴 그 사람들 맞습니다. 그러나 사회주의 운동이 정말 인간을 해방시킬지 하이네는 확신하지 못했어요.

"하이네 씨는 사상적으로 투철하지 못해요." 훗날 마르크스의 주위 사람이 불평했어요. 마르크스의 대답이 걸작입니다. "(하이네처럼 훌륭한 시인은) 그래도 되지." 그러나 다음 시대 마르크스의 추종자를 자처한 이들은 그렇게 마음이 넉넉하지 않았지요. 이들을 때려잡겠다고 나선 반공주의자들은 더 편협한 사람들이었고요. 히틀러와 파시스트들은 하이네의 책을 쌓아 놓고 불태웠습니다.

볼테르와 하이네와 에라스뮈스가 닮았지요. 앞서 언급한 로맹 가리의 단편 소설에도 하이네와 에라스뮈스는 함께 언급됩니다. 하이네는 자기 시집에 에라스뮈스를 직접 등장시키기도 해요. "에라스뮈스는 너무 재미있어 / 배꼽을 잡고 웃었다." 어떤 구절인지 직접 살펴봅시다.

하인리히 하이네

| 격언 이야기 |
벼룩이 문다고 신을 청하다

사람의 피를 빨아 제 노예로 삼는 뱀파이어. 엔간한 총·칼로는 퇴치할 수도 없다는, 상상 속 흡혈귀는 무시무시합니다. 반면 무섭지는 않지만 성가신, 현실 속 소소한 '흡혈충'도 있지요.

예부터 벼룩은 밉살스러운 존재였어요. 벼룩이 물어 대자 바로 신의 도움을 요청했다는, 성마른 사람 이야기가 있지요. 우습게도, 결국 그는 신을 저주했대요. 힘들 때 기도했는데도 도와주지 않았다고요.(성격하고는!) '이솝 우화'로 잘 알려진, 노예 출신의 현자 아이소포스가 들려준 이야기입니다. 에라스뮈스는 이 우화를 언급하며 '벼룩이 문다고 신을 청하다(in pulcis morsu deum invocat, 인 풀키스 모르수 데움 인보카트)'라는 라틴어 격언을 소개했지요. 한편 모기 역시 부아를 돋우기로는 벼룩 못지않습니다. 우리 동양에도 '견문발검(見蚊拔劍)', 즉 '모기를 보고 칼을 뽑는다'는 말이 있잖아요.

벼룩과 모기 중 어느 쪽이 더 얄미울까요? 20세기 중국의 문호 루쉰

은 「여름 벌레 셋」이란 수필에서, 벼룩·모기·파리를 견주었습니다. 루쉰이 보기엔 벼룩이 개중 낫대요. "벼룩은 피를 빨아먹는다. 가증스럽기는 하다. 그러나 아무 소리 없이 단도직입적으로 빨아먹는 점은, 솔직하고 시원시원하다." 반면 모기는 참 짜증나는 녀석입니다. "피부를 쿡…찌르기 전에 웽웽거리며 일장 연설을 늘어놓는 것이 딱 질색이다." 그런데 루쉰이 모기 소리를 싫어하는 건, 단지 귀에 거슬리기 때문만은 아닙니다. "만일 그 웽웽거림이, 사람의 피는 자신의 주린 배를 채우기 위해 존재한다는 이유를 설명하는 것이라면, 더더욱 질색이다. 그것을 알아듣지 못하는 게 천만다행이다."

사람에 따라 다르겠지요. 오히려 웽웽거리는 소리를 들어야 위안을 느끼는 이들도 적지 않은가 봐요. 웽, 웽, 웽, 가난한 이는 부자를 살찌우기 위해, 여성은 남성을 뒷바라지하기 위해 존재한다는, 그 경박하고 오래된 가르침. 웽, 웽. "체념의 노래 … 민중을 잠재우는 자장가."(하이네, 「독일 겨울 이야기」)

시인 하이네는 벼룩을 타박합니다. "썩어빠진 수도복을 두들겨 패야 / 수두룩한 벼룩을 잡을 수 있다." 사회 모순을 정당화하기 위해 '웽웽거리는' 당시의 일부 성직자와 어용 작가를, 하이네는 지식인 사회에 기생하는 벼룩이라 여겼거든요. 공교롭게도 이 작품에는, 하이네보다 300년 앞서 살다 간 에라스뮈스까지 등장합니다. '벼룩을 잡고자' 혁명가들이 요란스레 몽둥이를 휘두르는 모습을 보고, "에라스뮈스는 너무 재미있어 / 배꼽을 잡고 웃었다."(「로만체로」 2부)

하필 에라스뮈스라니, 우연은 아닐 겁니다. 대표작으로 꼽히는 『우신

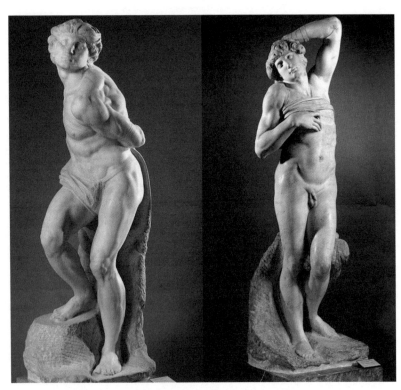

미켈란젤로, 〈반항하는 노예〉(1513년)와 〈죽어 가는 노예〉(1513~1516년)

예찬』 말고도, 우리는 앞서 에라스뮈스가 율리오 2세를 비꼬는 풍자 팸플릿을 썼다는 이야기를 했습니다. 율리오 2세는 천하를 호령하던 교황이었지요. 미켈란젤로의 유명한 〈노예〉 연작도, 그의 화려한 무덤 장식의 일부였어요.

어쩌면 그런 웃음이, 벼룩과 모기를 견디는 가장 좋은 방법이겠지요. 그리고 우리의 그런 웃음이야말로, 제멋대로 하는 권력자들이 두려워하는 바가 아니겠어요?

유신론 대 이신론 대 무신론

그리스어 '테오스(theos, 신)', 라틴어 '데우스(deus, 신)', 그리스 신화의 제우스Zeus, 다 같은 뿌리에서 나온 말입니다. 로마 신화의 유피테르Iupiter는 본디 '제우 파테르Zeu pater' 즉 '아버지 제우스'를 부르는 말에서 왔대요. 처음에는 하나였는데 부르는 말만 달랐던 셈이지요.

철학 용어 theism, deism, polytheism, atheism : 그런데 시간이 지나며 사용하는 곳이 달라 뜻도 조금씩 달라집니다. 테이즘theism은 '유신론'. 데이즘deism은 이와는 다른 '이신론(理神論)'. 이신론은 '신은 있다'고 믿는 점에서 유신론이지만 신을 합리적 이성으로 파악할 수 있다고 생각하기 때문에 교회에 다니는 유신론자들이 반기지 않는 사상입니다. 한편 폴리테이즘polytheism은 다신론. 무신론은 아테이즘atheism.

인공 지능의 성능을 알아보는 시험 가운데, 무신론자atheist의 글과 유신론자theist의 글을 기계가 알아서 구별하는 과제가 있대요. 주제는 정반대지만 사용하는 어휘나 관심 분야가 같은 방향이기 때문이라나요. 흥미로운 이야기입니다.

죽음과 유산 **08**장

에라스뮈스의 쓸쓸한 죽음
기억에서 지워진 이름
반전평화라는 유산
관용의 정신

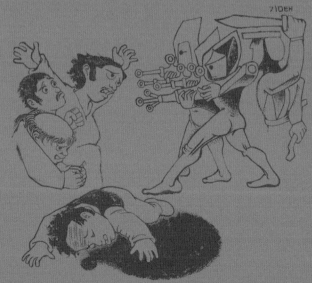

35

▶

에라스뮈스의 쓸쓸한 죽음

"에라스뮈스가 예고했던 혼란이 닥쳐왔다… 파리에서는 그의 글을 번역했던 제자 베르캥을 천천히 타오르는 불에 태워 죽였고, 영국에서는 그가 가장 사랑했던 존 피셔와 그의 가장 고귀한 친구 토머스 모어가 도끼 밑으로 끌려갔다. … 그가 편지를 주고받던 츠빙글리는 카펠의 전쟁터에서 맞아 죽었다. … 이 세상에는 사상의 자유, 이해와 관용, 인문주의의 사상을 위한 공간이 더는 존재하지 않는다. … 통일된 유럽의 마지막 언어도 서서히 사라져 간다. 에라스뮈스도 그렇게 죽어 가고 있다." 에라스뮈스의 쓸쓸한 말년에 대한 츠바이크의 묘사입니다.

하위징아는 에라스뮈스 생애 마지막 해의 일화를 소개합니다. 죽음을 앞둔 그의 마지막 글을 받아 가기 위해 교회도 정계도 분주했어요. "에라스뮈스가 죽기 전에 우리 편을 들었다"는 선전이 필요했으니까요. 그러나 "로마 교황청이 주겠다는 중요하고 빛나는 일은 마다하고, 그는 마지막 남은 힘을 우정의 표시라는 간단한 행동에

쏟았"습니다. 다음과 같은 사연입니다.

때는 1518년. 에라스뮈스는 라인강을 따라 여행 중이었어요. 마침 지나던 보파르트라는 도시. 세관에 근무하던 하급 관리가 자기가 쓴 책을 읽고 있는 모습을 우연히 보고 기뻐합니다. 평범한 사람을 위해 고전 지식을 풀어쓰던 에라스뮈스로서는 보람을 느꼈겠지요. 이렇게 두 사람은 친구가 되었어요.

세관 관리의 이름은 에셴펠더. 소원이 무어냐 묻자 자기를 위해 『구약성서』의 시편 하나를 해석하는 글을 써 달라고 부탁하지요. 그 후로 여러 해 동안 이주와 토론으로 바쁜 시간을 보내던 에라스뮈스는 이제 죽음을 앞두고, 교황도 임금도 귀족도 아닌 평범한 하급 관리를 위해 펜을 듭니다. 1536년 1월에 마지막 글을 써 에셴펠더에게 헌정하고 2월에 신변을 정리합니다. 재산을 가난한 사람들에게 나누어 준 후 7월 12일에 친구들에 둘러싸여 일흔 살의 나이로 숨을 거둡니다. 바젤에 묻혔습니다.

한때 유럽에서 가장 사랑받는 작가였던 에라스뮈스. 말년에는 지치고 외로웠습니다. 그래도 죽은 다음 더 끔찍한 일을 겪을 운명임을 마지막 순간까지 그는 몰랐을 겁니다. 차라리 마음 편하게 세상을 떠났달까요.

인간의 삶은 여행의 길

우리는 모두 죽습니다, 언젠가는. 인생은 덧없는 것이니까요. "인생은 나그네길 / 어디서 왔다가 어디로 가는가 / 구름이 흘러가듯 떠돌다 가는 길에 / 정일랑 두지 말자 미련일랑 두지 말자." 옛 노래 〈하숙생〉의 한 가락이지요.

우울한가요? 조금은 밝은 시각도 있어요. "나 하늘로 돌아가리라 / 아름다운 이 세상 소풍 끝내는 날 / 가서, 아름다웠더라고 말하리라…." 천상병 시인의 〈귀천〉은 삶을 "소풍"으로 보고, 이승의 삶은 덧없더라도 아름답다고 말하네요. 그러나 역시 때가 되면 우리는 소풍을 마치고 "돌아가야" 하지요.

'삶의 덧없음'을 가슴 시리게 이야기한 격언은 동서고금을 통틀어 두루 존재합니다. '인간의 삶은 여행의 길(vita hominis peregrinatio, 비타 호미니스 페레그리나티오)'이란 라틴어 격언이 있어요. "이승에서의 삶은 고향을 잃은 삶, 더 나은 삶을 위한 준비 기간, 떠돌이 인생일 뿐이다." 에라스뮈스에 따르면 이러한 시각은 기독교 전통에도 그리스 철학에도 공통된 것이라지요. 한편으로는 "성경에서 이런 사상을 자주 접할 수 있"고요, 다른 한편으로는 "플라톤이 그린 소크라테스는 인간의 영혼이 하늘로부터 왔으며 그곳으로 돌아가기 위해서는 철학을 공부해야 한다고 역설하고 있다"니까요.

'여행길'이라고 옮긴 라틴어 페레그리나티오peregrinatio, 이 말에는 여러 뉘앙스가 있대요. 타향살이나 방랑이라는 신산한 느낌도 있지만 외

국 여행이나 성지 순례 같은 즐거운 인상도 있다나요. 아무튼 소풍길이
나 여행길이나 즐거워야 하겠지만, 어디 한 군데라도 다치지 않고 무사
히 돌아가는 것이 중요하지요. 마찬가지로 이승의 삶이 아름답다고는
해도 언젠가 우리가 다른 세계로 돌아가야 한다면, 영혼을 다치지 않고

살아야 할 겁니다. 그러려면 기독교에서 주장하듯 믿음이 됐건 소크라테스가 말하듯 철학이 됐건, 뭔가 노력이 필요하겠지요. 경우에 따라서는 마음을 오롯이 지키기 위해 몸을 대신 상하게 해야 할지도 모르고요.

그러나 의심 많은 우리 현대인에게 친숙한 생각은 아닙니다. 너무 큰 '전제'가 필요하니까요. 우선 이 세상 아닌 다른 세상이 존재해야 하고, 죽음 이후에도 우리의 일부는 살아남아 이곳에 도착하며, 올곧게 산 사람은 여기서 보상을 받는다는 많은 생각들. 그래서 기독교는 내세의 영원한 삶을, 플라톤은 영혼의 윤회를 사상의 전제로 삼았습니다. 오늘날 이 생각들을 그대로 받아들일 수 있을까요? 저승이니 넋이니 초월적 설명에 기대지 않고도 인간이 바르게 살아야 함을 입증하는 일이, 지식인의 숙제가 된 시대입니다.

함윤덕, 〈기려도〉, 16세기경(국립중앙박물관)

36

기억에서 지워진 이름

에라스뮈스는 말년에 가톨릭과 신교 사이에서 달아나고 또 달아났습니다. 마르틴 루터와 논쟁을 벌였으니 그나마 가톨릭 쪽으로 기울었다고 해야 할까요. 그러나 그가 세상을 떠난 후, 가톨릭도 신교도 더욱 관용을 잃고 편협해졌어요.

에라스뮈스가 살아 있을 때부터 조짐은 있었습니다. 가톨릭 진영의 공격은 집요했어요. 1524년, 파리 대학 신학부 교수들은 에라스뮈스가 어느 쪽도 들지 않는다며 비판합니다. 1529년 2월에는 에라스뮈스가 루터와 같은 편이라고 공격하지요.(루터와 논쟁을 벌인 이후인데도 이랬습니다.) 반대로, 신교 진영에 가담한 헨리 8세가 1535년에 에라스뮈스의 친구였던 토마스 모어를 처형한 일은 앞서 보신바와 같죠.

에라스뮈스가 세상을 떠난 해는 1536년. 그리고 1542년에 파리 대학은 『우신예찬』을 블랙리스트에 올립니다. 1559년, 교황 파울로 4세는 「금서 목록」을 발표하며 에라스뮈스의 모든 저서를 집어넣습니다. 가톨릭 세계에서 에라스뮈스는 잊힌 이름이 된 것이지요.

신교 쪽에서도 에라스뮈스는 반갑지 않은 이름이었습니다. 루터의 『독일어 성서』가 나왔기 때문에 그의 라틴어 번역 성서는 빛을 잃었지요. 로마 교황청이 힘을 잃었기 때문에 라틴어를 공용어로 쓰는 사람도 갈수록 줄었고요.

무엇보다도 에라스뮈스가 꿈꾸던 이념들이 사라졌습니다. 라틴어로 『신약성서』를 낼 때만 해도 "에라스뮈스는 (고전 문학에 등장하는) 황금시대라는 유쾌한 모티프로 되돌아갔다. 이제 그런 시대가 밝아 온다고 믿었다. 영원한 평화가 바로 문 앞까지 와 있었다. … 문학과 학문이 크게 부흥하면서 정의와 … 경건함이 온 세상에 충만하게 될 것이었다. … 우리는 이 시대를 축하해도 좋을 것이다. 그것은 황금시대의 소생이 될 것이다." 하위징아의 설명입니다.

"하지만 에라스뮈스는 이런 노랫가락을 오래 울리지 못했다. … (1519년 이후로) 보편적 평화가 곧 도래하리라는 꿈은 사라져 버리고, 온 세상 어디에서나 시대의 각박함을 탄식하는 불평의 소리만 울려 퍼졌다." 에라스뮈스가 꾸던 황금시대의 꿈은 사라집니다. 그리고 그의 이름도 잊혔지요.

| 격언 이야기 |
세상 만물을 거두는 시간

시간은 마치 '하멜른의 피리 부는 사나이'처럼, 젊음이며 즐거움이며

세상의 온갖 아름다운 것들과 함께 떠나갑니다. 이렇게 세상의 영광은 사라지지요.(sic transit gloria mundi, 시크 트란시트 글로리아 문디)

시간이 간다니, 어디로 어떻게 가는 걸까요? 가지 못하게 길이라도 막고 싶네요. 옛날 서양 사람들이 상상한 시간의 여러 모습을 살펴봐요.

① 하나, 날아간다. 라틴어 표현 '시간이 날아간다(tempus fugit, 템푸스 푸기트).' 영어에도 '타임 플라이스Time flies'라는 말이 있대요.('시간 파리들'이라는 말장난도 있죠. 아트 슈피겔만은 만화 『쥐』에서 시계 위에 앉은 파리들을 그렸어요.)

② 둘, 흘러간다. '모든 것은 흐른다(cuncta fluunt, 쿵크타 플루운트)'는 표현은 만물유전(萬物流轉)을 뜻하는 그리스말 '판타 레이panta rhei'를 라틴어로 옮긴 것이래요.

③ 셋, 먹어 치운다. '시간, 모든 것을 먹어 치우는 자(tempus, edax rerum, 템푸스, 에닥스 레룸).' 오비디우스의 『변신 이야기』 말미에 나오는 구절입니다.(15권 234행) 세상 만물은 "모든 것을 파괴하는" "세월의 이빨"에 갉아 먹히며 다른 모습으로 변해 간대요.('변신' 이야기다운 표현입니다.)

서사시 『변신 이야기』의 첫머리(1권 89~112행)와 끝부분(15권 96~103행)에는 신화 속 '황금시대'가 소개돼요. 황금시대를 다스리던 신 사투르누스는 자식 신들을 낳는 족족 집어 삼켰다는데요(이런 먹성 고약한 양반이 황금시대를 이끌다니 좀 이상하지만, 신들의 일이라니까요, 뭐), 아무튼 유피테르 신이 아버지의 이빨을 용케 피해 형제들을 구하고 사투르누스를 쫓아내는 바람에 황금시대는 영영 사라졌대요.

루벤스가 그린 〈사투르누스〉입니다. 옛날 사람들은 로마 농업의 신이던 사투르누스를 그리스의 크로노스Cronos 신과 동일시했고 또 시간의 신 크로노스Chronos와도 같다고 봤대요.(아이고 복잡해서 죄송합니다.) 이것이 '낫'이라는 농기구를 시간의 신이 들게 된 사연입니다.

이렇게 해서, ④ 넷, 세상 만물을 베어 거두는 모습. 연유야 어찌 됐든 잘 어울리지 않나요? 시간의 낫은 모든 것을 베어 넘기니까요. 나쁜 일도 사라지고 좋은 일도 사라지고, 모두가 모두를 잊어버리지요.

페터르 파울 루벤스, 〈자기 자식을 먹는 사투르누스〉, 1636~1638년(프라도 미술관, 마드리드)

시간과 빠르기, 계절과 시제

라틴어 템푸스tempus는 '시간'이라는 뜻. 조카뻘 되는 단어가 많습니다.

음악 용어 템포 tempo : 원래 이탈리아어. '빠르기'라는 뜻. 영어로 쓸 때도 똑같이 씁니다. 음악 시간에 배운 아 템포a tempo는 느려지거나 빨라졌다가 '원래 빠르기로' 돌아가라는 뜻.

tense : '시제'. 이 단어에도 시간에 관련한 뜻이 들어가 있지요.

프랑스어 탕 temps : '시간' 또는 '날씨', 또는 영어 tense처럼 '시제'라는 뜻. 프랑스어 프랭탕prinemps은 첫 번째 시간(계절), 즉 춘하추동 가운데 '봄'이라는 의미.

temporary : '임시의'. contemporary는 시간을 같이한다는 의미의 형용사, 번역은 '동시대의'.

37

▶

반전 평화라는 유산

종교 개혁이 시작되고 얼마 후부터, 유럽은 종교 전쟁의 소용돌이에 빠져듭니다. 기사 전쟁(1522년), 독일 농민 전쟁(1524~1525년), 슈말칼덴 전쟁(1546~1547년), 위그노 전쟁(1562~1598년), 80년에 걸친 네덜란드 독립 전쟁(1568~1648년), 유럽 곳곳을 전쟁터로 만든 30년 전쟁(1618~1648년) 등.

생전의 에라스뮈스는 늘 전쟁에 반대했어요. 전쟁을 벌이는 군주들을 비난하는 팸플릿을 써서 출판하고, 더 많은 사람이 읽으라고 나중에 『격언집』 증보판에도 싣지요. "전쟁은 겪어 보지 않은 자에게나 달콤하다"는 유명한 말도 에라스뮈스가 고전에서 되살려 낸 격언. 비폭력 평화운동을 펼치는 '간디 정보 센터'라는 단체가 있는데요, 2017년에 온라인 전시회를 열며 이 구절을 이용했더군요. 에라스뮈스의 반전 평화 메시지는 오늘날에도 유효합니다.

거꾸로, 에라스뮈스의 꿈에 아직도 인류가 도달하지 못했다는 의미이기도 하죠. 격정에 사로잡힌 인간들은 어리석은 전쟁을 벌입니다. "에라스뮈스는 알고 있다. 언젠가는 지쳐 사라지는 것이 모든 격정의 성향임을. 스스로 지쳐 버리는 것이 광신의 운명임을. … 이성은 기다릴 줄 알며 견뎌 낼 줄 안다. 다른 것들이 흥분해 소란을 피울 때, 이성은 침묵해야 하고 입을 다물어야 한다. 그러나 이성의 시대는 온다. 언젠가 다시 그 시대는 온다." 츠바이크는 이 멋있는 말로 『에라스뮈스 평전』을 맺습니다. 이 책을 고향 오스트리아에 던져 두고 그는 바다를 건넜어요. 그러나 이 책은 다가올 2차 대전을 막지 못했지요. 츠바이크는 절망 속에 숨을 거두었고요. 에라스뮈스가 바라던 전쟁 없는 세상은 아직도 오지 않았습니다.

| 격언 이야기 |
전쟁은 달콤하다, 겪어 보지 않은 자에게나

문. "전쟁이 나면 누가 죽습니까?"
답. "네가 죽습니다."
한동안 인터넷에서 입길에 오르던 우문현답입니다.
개구쟁이 톰 소여를 탄생시켰던 소설가 마크 트웨인은 늘그막에 「전쟁을 위한 기도」라는 단편을 썼어요. "이 나라는 총을 들었다. 전쟁이 터지자 모두의 가슴속에 나라 사랑의 성스러운 불꽃이 타올랐다." 전쟁에 반대하는 이들은 침묵을 강요당했죠. 떠나기 전날, 병사와 가족은 교회에 모여 전쟁을 위한 기도를 올립니다. "이들과 조국에 불멸의 명예와 영광을 주옵소서." 그때 한 노인이 불쑥 나타났어요. "하느님의 사자인

내가 너희에게 그 기도의 온전한 의미를 설명하겠다." 젊은이의 주검으로 덮인 들판, 부상자의 몸부림과 비명, 죄 없는 과부들의 슬픔, 그리고 끝없는 절망…. 노인은 전쟁의 참상을 묘사합니다. 그러나 아무도 믿어주지 않았어요. 그를 "미친 사람이라고" 여겼거든요.

마크 트웨인은 20세기 들머리에 이 작품을 썼지만, 당시 미국이 전쟁 중이었던지라 발표도 못한 채 눈을 감았습니다. 십여 년 후, 1차 세계 대전이 터지자 모두의 가슴속에 나라 사랑의 불꽃이 타올랐어요. 반전 운동을 펼치던 진보적 지식인들은 잡혀가거나 무시당했죠. 그 이후로도 전쟁은 사라지지 않았습니다. 21세기는 조지 W. 부시의 전쟁과 함께 시작했고, 한반도에 모처럼 평화가 찾아올 것 같은데도 '전쟁 불사'를 외치는 자들이 있네요.

에라스뮈스는 '전쟁은 달콤하다, 겪어 보지 않은 자에게나(dulce bellum inexpertis, 둘케 벨룸 인엑스페르티스)'라는 라틴어 격언을 소개합니다. 시인 핀다로스는 말했대요. "뭔지도 모르는 자에게는 전쟁이 달갑다. 그러나 막상 얼마나 무서운 일인지 알면 몸서리를 칠 터." 스페인 화가 고야는 전쟁의 끔찍함을 그림으로 남겼지요. 직접 겪어 보았으니까요.(그림 오른쪽의 총 든 사내들은 피카소의 그림 〈한국에서의 학살〉에서 가져왔습니다.) 옛 현인들은 세상 풍파를 겪어 보지 않은 애송이만이 기꺼이 싸우려든다는 말씀을 남겼는데요, 이 땅에서는 거꾸로 됐네요. 젊은이들도 반대하는 전쟁을, 몇몇 어르신들은 어째서 부르짖으시는지요.

마크 트웨인이 저 글을 쓸 무렵, 미국이 벌인 전쟁으로 필리핀 사람 수십만 명이 목숨을 잃었어요. 이 전쟁의 실마리는 미국 군함 메인호의

프란시스코 고야, 〈1808년 5월 3일의 학살〉, 1814년(프라도 미술관, 마드리드)

'원인 모를 침몰'이었습니다. 미국과 베트남의 전쟁도, 진상을 알 수 없는 통킹만 사건에서 시작됐지요. 이제 와 옛일을 명명백백 밝히기란 어렵더라도, 적어도 전쟁이라는 어리석음은 반복하지 말아야 하지 않을까요? 하물며 이번에는 우리가 죽을지 모르는데요!

전쟁과 결투

라틴어 벨룸bellum은 '전쟁'이라는 뜻.

antebellum, postbellum : '전쟁 이전', '전쟁 이후'. 라틴어 표현을 그대로 사용합니다. 특히 미국에서는 '남북 전쟁' 이전과 이후의 남부를 가리키는 말. 남북 전쟁으로 남부가 영영 달라졌기 때문이겠죠. 영화 〈바람과 함께 사라지다〉가 생각나네요.

belligerent : 라틴어로 벨리게란스belligerans는 '전쟁을 수행하는' 중이라는 현재 분사. 동사 벨리게로belligero가 동사 변화한 형태. 영어 belligerent는 형용사로 '전쟁 중인' 또는 '적대적인'이라는 의미. 명사로는 전쟁을 수행하는 사람, '교전국' 또는 '교전 집단'이라 옮깁니다.

영어 duel : '결투'라는 뜻. 라틴어 벨룸에서 갈라져 나온 뜻밖의 단어죠. 먼 옛날 '두엘룸duellum'이라는 단어가 라틴어 벨룸bellum으로 변했대요. 그런데 모습이 '둘'을 뜻하는 영어 dual과 닮았어요. 관련 없는 단어입니다. dual은 라틴어 '두오duo'에서 나왔거든요. 하지만 옛날 사람들도 헷갈렸나봐요. 그래서 '벨룸'은 큰 전쟁을, '두엘룸'은 둘 사이의 결투를 콕 집어 의미할 때 쓰게 되었대요.

38
▶
관용의 정신

이상주의자 에라스뮈스가 낙담한 채 숨을 거둔 것이 1536년. 현실주의의 교과서로 불리는 마키아벨리의 『군주론』이 출판된 때가 1532년. "이 무자비한 권력 정치 및 성공 정치의 교과서에는 에라스뮈스와 반대되는 원칙이 마치 교리문답서처럼 분명하게 공식화되어 있다"고 츠바이크는 지적합니다.

그렇다면 글로 세상을 바꾸려던 에라스뮈스는 실패한 것일까요? 츠바이크는 그렇게 생각하지 않아요. "인간이 인간을 더 사랑하는 것이⋯ 인류의 가장 숭고한 과제라는 인류애의 사상이 세상에 들어갈 수 있도록 글을 통하여 길을 놓아 준 것은 현세의 (정치) 공간에서 패배한 에라스뮈스의 명예로 남을 것"이라고 평가하며, 볼테르, 칸트, 톨스토이, 간디와 같은 다음 시대 평화 사상가들의 이름을 나열합니다.

에라스뮈스의 유산에 대해 하위징아는 이렇게 말했어요. "오늘날 많은 사람들이 도덕 교육과 폭넓은 관용이 인류를 행복하게 만든다고 믿는데, 그런 믿음은 우리 인류가 에라스뮈스에게 빚진 부분이다." 생각이 다른 사람에 대한 관용이야말로 에라스뮈스가 평생 주장한 가치이기도 합니다.

하위징아는 다음과 같은 말로 전기 『에라스뮈스』를 마칩니다. "교양 있는 사람들은 에라스뮈스의 기억을 소중하게 여겨야 할 이유가 있다. 그것은 에라스뮈스가 보편적 자비로움을 아주 열렬하게, 또 성실하게 외친 설교자라는 것이다. 오늘날의 세상은 그런 도덕적 특성을 간절하게 요청하고 있다."

| 격언 이야기 |
사람 수만큼 다른 생각

로마의 희극 시인 테렌티우스가 이런 말을 했다죠. 'Quot homines, tot sententiae(쿠오트 호미네스 토트 센텐티아이, 사람 수만큼 다른 생각).' 그리스의 비극 시인 에우리피데스는 누구나 같은 지혜를 가지고 있지 않기 때문에 사람들 사이에는 불화가 생기기 마련이라고 탄식합니다. 이렇듯 다른 의견 때문에 생기는 갈등을 어떻게 해야 할까요? 에라스뮈스는 관용의 미덕을 제안합니다.

사도 바울은 사람마다 생각이 다르고 공동체마다 풍습이 다르다는 사실을 인정했습니다. 그러나 차이는 있을지언정 진리 앞에서 모든 사람은 차별 없이 평등하다고 역설했지요. 이 관용의 정신 덕분에 예수 운동은 (유대교의 일개 종파에 머물지 않고) 그리스도교라는 세계 종교로 발전

할 수 있었어요.

고전학자 에라스뮈스는 르네상스 당시의 종교 갈등을 한탄하였습니다. "오늘날 신학자들이 만약 바울의 넉넉함을 조금이라도 배운다면… 하찮은 문제로 이렇게까지 싸우고 갈라지지는 않았을 것이다. 이런 문제들은 그저 잊고 지내도 좋았을 것이기… 때문이다." 안타깝게도 사람들은 이 말에 귀 기울이지 않았고, '종교 개혁'이란 지적 운동은 '종교 전쟁'이란 권력자들의 폭력으로 변질됐습니다. 훗날 계몽주의 철학자 볼테르는 "복음서에도 나오지 않는 사소한 내용들이 수많은 사람들이 죽고 죽이는 원인"이라며 개탄했다지요. 그러나 오늘 이 순간에도 수많은 사람들이 '사소한 차이' 때문에 죽고 죽이고 있으니, 사도 바울이 안다면 얼마나 당황할까요.

알브레히트 뒤러의 작품 〈네 명의 사도〉를 고쳐 그려 보았습니다. 사도 바울은 그림 오른쪽에 큰 책과 칼을 들고 머리 벗겨진 모습을 하고 있습니다.(전승에 따라 바울은 대머리로 묘사되곤 합니다.)

그런데 바울이 말랑말랑한 사람이었냐 하면 결코 그렇지 않습니다. 생각의 차이가 발견되면 어디라도 찾아가 말과 글로 끝장토론을 벌였고, 교회의 대선배인 베드로(그림 왼쪽에 열쇠를 들고 있는 사도입니다)마저 자신과 의견이 다르다는 이유로 면박을 주었습니다. 현대 프랑스의 좌파 철학자 알랭 바디우 역시 사도 바울을 차별을 반대하고 평등을 위해 용감히 싸운 혁명적인 투사로 해석해 냈지요.

에라스뮈스 역시 타협하지 않는 인물이었습니다. 비위도 약하고 건강도 나빠, 싸움에 휘말리는 걸 무척 싫어했지만, 잘못된 일을 보면 신랄

한 독설을 날렸고 싸워야 할 때는 자신의 뜻을 굽히지 않았습니다. 슈테판 츠바이크가 히틀러에 대한 분노를 담아 에라스뮈스의 전기를 쓴 것은 그래서였겠지요.

부조리에 싸움을 걸지 않고 휩쓸려 가는 것이 개인의 입장에서는 언제나 더 쉬운 선택입니다. 그러나 누구나 그렇게 한다면 관용이란 덕목은 진작 사라져 버렸을 겁니다. 불관용을 보면 단호하게 맞서 싸우는 것만이 관용이라는 소중한 가치를 지키는 방법이 아닐까요. 물론 '어떻게 싸워야 단호하게 잘 싸우는 것인가'하는 문제는 앞으로도 토론할 문제로 남겠지만요.

알브레히트 뒤러, 〈네 명의 사도〉, 1526년(알테 피나코테크, 뮌헨)

흙으로 돌아갈 인간

라틴어로 '인간'이 호모^{homo}. 호모 사피엔스^{homo sapiens}의 원래 뜻은 '생각하는 사람', 호모 에렉투스^{homo erectus}는 '똑바로 선 사람'.

연금술 용어 호문쿨루스 homunculus : 연금술로 만든 '조그마한 인조인간'을 뜻하는 말.

homicide : 살인. 다음 단어들도 살펴볼까요. regicide는 국왕 살해, patricide는 부친 살해, matricide는 모친 살해. pesticide, insecticide는 벌레를 죽이는 '살충제'.

human, exhume, inhume, 그리고 humanist : 영어 human도 라틴어 호모^{homo}의 조카뻘 되는 말. 어원을 따져 보면 '땅'에 관련된 단어래요. 영어 exhume은 '땅 밖으로^{ex} 시신을 꺼내는' 일. 묘를 옮길 때 하는 일이죠. 반댓말 inhume은 '땅속으로ⁱⁿ 시신을 묻는' 일. 흙에서 와 흙으로 돌아가는 인간. 이런 인간을 사상의 중심에 놓은 사람이 에라스뮈스와 같은 인문주의자^{humanist}.

원래 이 자리에 나는 참고 문헌을 소개했어야 합니다. 그런데 한숨부터 나오네요. 참고한 책이 많아요. 칼럼 한 편을 쓸 때마다 동양고전 두엇, 서양 고전 두엇, 그리고 근현대에 나온 책 하나 이상을 찾아서 엮어 넣곤 했어요. 십 년 가까운 시간 동안 참고한 책을 다찾기도 어렵고, 본문에 어느 정도는 밝혀 뒀기 때문에 꼭 그럴 필요가 있을까 싶어요.

서양 고전은 천병희 선생님과 강대진 선생님의 번역서가 나와 있는 경우, 그 책을 인용했어요.

에라스뮈스가 직접 쓴 책은 김남우 선생님의 번역서를 참고했습니다.

『에라스무스 격언집』, 김남우 옮김, 아모르문디, 2009.
『우신예찬』, 김남우 옮김, 열린책들, 2011.

에라스뮈스의 생애에 대해서는 세 권의 전기가 한국어로 나와 있어요.

『에라스뮈스 : 광기에 맞선 인문주의자』, 요한 하위징아 지음, 이종인 옮김, 연암서 가, 2013.
『슈테판 츠바이크의 에라스무스 : 위대한 인문주의자의 승리와 비극』, 슈테판 츠바 이크 지음, 정민영 옮김, 자작나무, 1997.

하위징아의 전기는 사실 위주로 꼼꼼하게 되어 있어요. 츠바이크 는 에라스뮈스의 '자유로운 정신'을 보여 주기 위해 노력했고요. 『성 서』로 치면 하위징아의 책이 공관 복음서, 츠바이크의 책이 「요한복 음」쯤 되겠네요.

그리고 이 전기도 참고했어요.

『공동체 안에서의 에라스무스 : 그의 학문과 경건의 종합』, R. H. 베인턴 지음, 박찬 문 옮김, 제주대학교출판부, 2009.

이 책의 격언 이야기 부분은 한겨레신문에 연재한 「에라스뮈스와 친구들」 칼럼을 새로 쓴 글입니다. 2008년 5월 17일자 '플라톤, 예수, 마르크스, 고흐의 공통점'부터 2012년 1월 21일자 '악의 공범이 되는 평범한 사람들'까지 여러 해 동안 연재했어요. 애정을 가지고 꼼꼼 히 원고를 체크해 주신 최재봉 기자님, 고명섭 기자님, 권은중 기자 님, 최원형 기자님께 감사의 말씀을 드립니다. 한겨레신문 문화부는 라틴어 맞춤법도 틀리면 바로 잡아내는 곳이었어요. 구본준 기자님 께 이 책을 보여드리고 싶네요. 살아 계셨다면 책이 나온다고 축하 해 주셨을 텐데요.

라틴어와 그리스어를 공부시켜 준 김남우 선생님과 강대진 선생 님, 그리고 이준석 선생께 감사합니다. 칼럼을 연재할 때가 마침 강대진 선생님과 함께 그리스어 서사시와 라틴어 서사시를 일주일에 한 번씩 강독하던 무렵이었어요. 지금 와서 이야기지만 당시에는 제일 즐거운 시간이었습니다.

칼럼을 읽고 조언을 해 주신 강유원 선생님과 이세욱 선생님께도, 나의 가족에게도 감사를 전합니다. "아내가 글을 고치라면 고치는 것이 좋다." 에라스뮈스가 한 말은 아니고 내가 만든 격언이지만, 정말 그렇습니다.

그리고 책 말미에 두 아이를 위한 작은 편지 하나를 숨겨 두려고 합니다.

"이 책에 실린 글들을 처음 쓰기 시작할 때는 아직 태어나지도 않았던 친구들, 이 책이 나오는 지금도 글은커녕 말을 배우기 시작하는 친구들에게. 이 글을 읽고 있다니, 너희가 책 한 권을 다 읽었나 보구나. 너희가 내 독자가 되어 주다니, 아빠는 영광이란다."

미래의 독자에게 보내는 타임캡슐. 책의 운명에 대해 고민이 많지만, 이런 용도로는 아직 책만 한 것이 없는 듯합니다.

1. amicorum communia omnia(아미코룸 콤무니아 옴니아)
   친구들은 모든 것을 공유한다 …14

2. annus producit, non ager(안누스 프로두키트 논 아게르)
   밭이 아니라 한 해가 소출을 낸다 …22

3. aurum igni probatum(아우룸 이그니 프로바툼)
   불로써 확인된 황금 …32

4. auris Batava(아우리스 바타바)
   바타비아 사람의 귀 …42

5. in eadem es navi(인 에아뎀 에스 나비)
   한 배에 올라 있다 …49

6. naribus trahere(나리부스 트라헤레)
   코를 잡아끌다 …59

7. bis dat qui cito dat(비스 다트 퀴 키토 다트)
   빨리 주는 사람이 두 번 준다 …65

8. assidua stilla saxum excavat(아시두아 스틸라 삭숨 엑스카바트)
   끊임없는 물방울이 바위를 뚫는다 …74

9. a mortuo tributum exigere(아 모르투오 트리부툼 엑시게레)
   죽은 자에게서 이문을 챙기다 …80

10. virum improbum vel mus mordeat(비룸 임프로붐 벨 무스 모르데아트)
    사악한 자는 쥐에게라도 깨물릴 것 …87

11. multa novit vulpes, verum echinus unum magnum
    (물타 노비트 불페스, 베룸 에키누스 우눔 마그눔)
    여우는 많은 것을 알지만 고슴도치는 큰 것 하나를 안다 …94

12. olet lucernam(올레트 루케르남)
    등잔 냄새가 난다 …102

13. lucri bonus est odor ex re qualibet
　　(루크리 보누스 에스트 오도르 엑스 레 쿠알리베트)
　　뭘 팔든 이문엔 좋은 냄새가 난다 …108

14. carpe diem(카르페 디엠)
　　이날을 잡으라 …114

15. memento mori(메멘토 모리)
　　죽음을 기억하라 …117

16. mors omnibus communis(모르스 옴니부스 콤무니스)
　　죽음은 모두에게 보편된 것 …119

17. inexplebile dolium(인엑스플레빌레 돌리움)
　　충족할 수 없는 통 …122

18. Archilochia edicta(아르킬로키아 에딕타)
　　아르킬로코스적 발언 …135

19. in vino veritas(인 비노 베리타스)
　　술 속에 진리가 있다 …142

20. forsan et haec olim meminisse iuvabit
　　(포르산 에트 하이크 올림 메미니세 유바비트)
　　이 역시 언젠가는 회상하기 즐겁겠지 …148

21. Venereum iusiurandum(베네레움 유스유란둠)
　　베누스의 맹세 …154

22. fortunati ambo(포르투나티 암보)
　　행복하여라, 이 두 사람은 …159

23. Adonidis horti(아도니디스 호르티)
　　아도니스의 정원 …164

24. ne quid nimis(네 퀴드 니미스)
　　결코 지나치지 말라 …169

25. simia in purpura(시미아 인 푸르푸라)
　　자줏빛 옷을 입은 원숭이 …175

26. pontificalis coena(폰티피칼리스 코이나)

　　대제사장의 저녁 식사 …181

27. contra stimulum calces(콘트라 스티물룸 칼케스)

　　작대기를 발로 (걷어차다) …192

28. auribus lupum teneo(아우리부스 루품 테네오)

　　늑대의 귀를 잡다 …198

29. clavum clavo pellere(클라움 클라보 펠레레)

　　못을 못으로 뽑는다 …205

30. simile gaudet simili(시밀레 가우데트 시밀리)

　　닮은 것은 닮은 것을 기쁘게 한다 …210

31. evitata Charybdi in Scyllam incidi(에비타타 카리브디 인 스킬람 인키디)

　　카리브디스를 피하여 스킬라에게 잡히다 …216

32. fumum fugiens in ignem incidi(푸뭄 푸기엔스 인 이그넴 인키디)

　　연기를 피하려다 불 속에 떨어지다 …216

33. qui tacet consentit(퀴 타케트 콘센티트)

　　침묵하는 이는 동의하는 것이다 …222

34. cum tacent, clamant(쿰 타켄트, 클라만트)

　　침묵할 때 그들은 외치는 것이다 …222

35. domus amica domus optima(도무스 아미카 도무스 옵티마)

　　자기 집이 최고의 집 …227

36. alterum pedem in cymba Charontis habere

　　(알테룸 페뎀 인 큄바 카론티스 하베레)

　　한 발을 카론의 배에 올리다 …232

37. una hirundo non facit ver(우나 히룬도 논 파키트 베르)

　　제비 한 마리가 봄을 가져오진 않는다 …240

38. sapiens sua bona secum fert(사피엔스 수아 보나 세쿰 페르트)

　　현명한 자는 자신의 보물을 지니고 다닌다 …246

39. Respublica nihil ad musicum(레스푸블리카 니힐 아드 무시쿰)

　　나랏일은 교양 교육과 어울리지 않는다 …252

40. in pulcis morsu deum invocat(인 풀키스 모르수 데움 인보카트)
벼룩이 문다고 신을 청하다 ···259

41. vita hominis peregrinatio(비타 호미니스 페레그리나티오)
인간의 삶은 여행의 길 ···268

42. tempus fugit(템푸스 푸기트)
시간이 날아간다 ···274

43. cuncta fluunt(쿵크타 플루운트)
모든 것은 흐른다 ···274

44. tempus, edax rerum(템푸스, 에닥스 레룸)
시간, 모든 것을 먹어 치우는 자 ···274

45. dulce bellum inexpertis(둘케 벨룸 인엑스페르티스)
전쟁은 달콤하다, 겪어 보지 않은 자에게나 ···278

46. Quot homines, tot sententiae(쿠오트 호미네스, 토트 센텐티아이)
사람 수만큼 다른 생각 ···284